JN087674

ファイナンス入門

（三訂版）ファイナンス入門（'23）

©2023 齋藤正章・阿部圭司

装丁デザイン：牧野剛士
本文デザイン：畑中 猛

o-19

まえがき

　ファイナンスやフィナンシャルといった言葉は私たちの日常生活にあふれています。それは，株や為替といった金融情報であったり，金融サービスを提供する会社名であったり，財務省や金融庁の英文名にも使われていて，ほぼ毎日といっていいほど私たちの目に飛び込んできます。こうした用語について，私たちは漠然と「お金のこと」と理解しているのではないでしょうか。

　本書では，「お金のこと」であるファイナンスについて皆さんがより深い理解を得ることを目的としています。さらに，ファイナンスはその主体をどこに置くかによって，企業のファイナンス，個人のファイナンス，国のファイナンスと分類されますが，本書では企業のファイナンスについて，その基礎を論述しています。

　これまでファイナンスについて興味をもちつつも，「お金のことはどうもよくわからないから」と敬遠されていた方にとっては，ファイナンスは近くて遠い存在であったかもしれません。しかし，私たちが生活する経済社会を理解する上で企業ファイナンスの理解は必ずや良き味方となるでありましょう。

　また，ファイナンスというと数式が出てきて難しそうだという声もよく聞きます。入門ということで，極力難しすぎると思われる数式は使わないようにしましたが，やはりある程度の数式を使わざるを得ませんでした。これは説明をするには欠かせないものですので，数式だからといって拒絶反応を示すのではなく，その数式が意味するものを読み取ろうとして頂きたいと思います。

　本書が入門書であるという性格上，著者たちは，一般に認められてい

る考え方をできるだけ正確に述べるように努めました。しかし，浅学のため，思わぬ誤りを犯しているかもしれません。読者諸賢のご指摘をお願いしたく存じます。

2022 年 11 月

齋藤正章

阿部圭司

5

目次

5

1 | ファイナンス概論

齋藤正章　阿部圭司

《**学習のポイント**》ファイナンスとは何か。ファイナンスは私たちの暮らしと密接な関係を持っている。本章ではファイナンスと経済・社会との関係を概観し，ファイナンス（コーポレート・ファイナンス）を学ぶ意義について確認する。

《**キーワード**》ファイナンス，コーポレート・ファイナンス，企業価値，自己資本，他人資本，間接金融，直接金融，資本構成，資本コスト

1. ファイナンスとは何か

　「ファイナンス」と聞くと，どのようなものを思い浮かべるだろうか？　放送大学の本部は千葉市美浜区にあるが，インターネットで「千葉市美浜区　ファイナンス」で検索すると，千葉市美浜区に事業所のある消費者金融，クレジットカード，リース，ローンなどの会社が検索結果に出てくる。これらは個人や企業を相手に金融サービスを行う会社である。本講義のタイトルを「ファイナンス入門」としたのも，一般に「ファイナンス」とは個人や企業向け金融サービスのことと理解されているだろう，という考えからである。

　私たちは日々，モノやサービスを購入して暮らしている。モノ，つまり商品はまず，メーカーで製造される。製造された商品は卸売業者に販売され，次に小売業者に販売され，やがて私たちの手元に届けられる。こうした「モノ」の流れは比較的理解しやすい。一方，宅配便のように

荷物を送ったり，受け取ったりする運送サービスを利用することがあるだろう。また，自動車を保有していれば，修理やメンテナンスなどのサービスを受けることもあるだろう。商品と異なりサービスはその場で発生（生産）され，具体的な形がないことが特徴である。

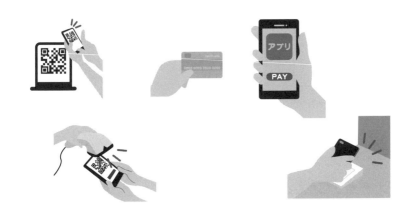

　金融サービスも数あるサービスの中の1つである。金融機関に口座を開き，毎月の給与振り込みや公共料金などの自動引き落としのサービスを利用している人は多い。商品やサービスの購入に当たって，支払うべき現金が無い場合，ATM（現金自動預け払い機）で預金を引き出す経験は誰にでもあるだろう。近年ではクレジットカードや電子マネーで支払う場面も増えてきている。また，クレジットカードを使ってキャッシングをしたり，金融機関でローンを組んで自動車や不動産など高額な商品を購入することもあるだろう。これが金融サービスを受けるということである。

　個人と同様に企業も金融サービスを受けている。設備投資や原材料の購入に必要な資金が手持ちの資金では不足する場合，企業は金融機関からの借り入れや，株式や社債などの証券の発行により資金を調達する。

集めた資金を投資することを通じて商品やサービスを顧客に提供する。その後，投下された資金が代金として回収されると，利子の支払いや元金の返済，株式会社であれば株主への配当の支払いが行われる。

　こうした資金のやりとり全体の中で，お金を融通すること，あるいは資金が余るところ（資金提供側）から，資金が不足するところ（資金調達側）へと資金を循環させることをファイナンス（Finance）と呼んでいる。お金の融通は資金提供側の視点に立てば投資（運用）であるため，ファイナンスとは資金の調達と運用を意味している。

2. 学問領域としてのファイナンスの位置づけ

(1)「ファイナンス」講義の分類

　大学で開講されているファイナンス関連の科目は，複数の分野に分かれている。その体系を英語で表現する場合，「Finance」の言葉が大抵含まれているので，これを用いながら説明しよう（表1-1）。

　「Finance」は「金融論」に相当する。社会全体のお金の流れ，経済に対する影響など金融市場，金融システムへの理解と，それを応用した金融政策を学ぶことが中心となっている。「International finance」は「国際金融」である。一国の中での金融の仕組みや働きを超えて，為替レー

表1-1：ファイナンス関連講義の分類

対象	科目名
金融システム全体	金融論（Finance）
多国間の枠組み	国際金融論（International Finance）
国，自治体	財政学（Public Finance）
個人，家計	パーソナル・ファイナンス（Personal Finance）
企業	企業財務論（Corporate Finance）

トや通貨危機など，多国間での枠組みの中で金融の仕組みや働きについて学ぶ。「Public finance」は財政学である。財政とは国や自治体の資金調達（歳入）と運用（歳出）に関する仕組みを学ぶものである。税の体系や公共財の供給，社会保障，所得の再分配，財政政策による景気対策の手法や効果などを学ぶ。「Personal finance」は個人金融と訳すればよいのだろうが，もっぱらパーソナル・ファイナンスという表現が使われることが多い。ライフプラン（生活設計）を実現するための金融，経済知識の獲得が目的となっていて，具体的には貯蓄や投資，ローン，保険，年金，相続などの内容を含んでいる。ファイナンシャル・プランナー（FP）の仕事はこの分野に関連したものである。そして最後に「Corporate finance」である。これは企業金融や企業財務と呼ばれている。最近ではそのままコーポレート・ファイナンスと呼ばれることも多い。文字通り，企業の資金調達と運用に関する事柄を学ぶ。本講義「ファイナンス入門」はこのコーポレート・ファイナンスの分野を扱う。コーポレート・ファイナンスは大きく金融論の一部として位置づけられるが，同時に会計との関わりを無視することができない。以下ではコーポレート・ファイナンスと会計との関わりについて概観する。

(2) 会計との関連

　会計とは企業活動における各種取引に伴うお金の出入りを記録し，これに基づき収益と費用を把握する活動である。企業の会計は決算書を作成し，外部に報告することを目的とした「財務会計」と内部管理目的に活用される「管理会計」に分類できる。

　財務会計では1年や半年といった会計期間中に行われた取引記録から損益計算書，貸借対照表，キャッシュ・フロー計算書などの財務諸表を作成し，報告が行われる。外部報告を目的とするため，財務会計では作

成ルールが定められていることが特徴である。一方，管理会計では企業の利益を増やすため，製品やサービスのコストを把握し，管理することが求められる。そのため，将来の利益計画を扱うことになる。つまり，財務会計はこれまでの企業活動を記録することが対象であり，管理会計はこれからの企業活動を計画・管理することが対象となる。

　企業に資金提供する側からすると，企業が将来にわたって健全に経営を続け，利払いや元金の返済を滞りなくできるか，株価が上昇するだけの利益を稼ぐことができるか，が関心事である。調達する側からすると，投資水準の適切さや調達コストを勘案した負債と純資産のバランスが求められる。これらを判断するための情報は財務会計で報告される財務諸表から得ることができる。また，企業が設備投資を成功させるためには将来の売上や利益の予測値が欠かせない。そのためには管理会計で扱う利益計画に関する情報が役に立つ。このように，コーポレート・ファイナンスと会計情報は密接な関係を有している。

3. コーポレート・ファイナンスの目的

　本書の対象であるコーポレート・ファイナンスでは，どのような目的を持って様々な課題に対し考察するのであろうか。企業全体の目的から順を追って考えてみよう。

(1) 企業の目的
　企業の目的が何であるかについては，多様な論議が展開されている。これを「利潤の極大化」と規定する古典的な企業観や，利潤だけでなく，生産性，成長性，社会的責任などの多元的な目的を追求する存在である

とする行動科学的な企業観などもある。著名な経営学者であるP.ドラッカーは，利益を上げることは存続の条件であり，目的ではない，と述べている。彼は企業の目的は顧客の創造であって，利益のみを追求することに否定的な見方をしている。もちろん，このような見方は企業の目的のある面を捉えているといえるだろう。

　しかし，ファイナンスの世界では，株主が企業の所有者であるという認識のもとに，企業の目的を「株主利益の追求」と規定している。ただし，ここで追求される「利益」は，継続企業（going concern）の前提に立って，長期的なスパンで認識されなくてはならない。本書においては，企業の共通目的を「株主価値の最大化」，すなわち，「株主が企業から受け取る将来キャッシュ・フロー（現金の流列）の現在価値を最大化すること」と捉えることにする。現在価値の考え方については第2章で詳しく学ぶ。債権者に分配されるキャッシュ・フローの現在価値を「負債価値」，債権者と株主の双方に分配されるキャッシュ・フロー（これをフリー・キャッシュ・フローという）の現在価値を「企業価値」という。負債価値を一定とすれば，株主価値の最大化は「企業価値の最大化」と同義になる。

　企業の目的をこのように株主価値に一元化して捉える考え方に対しては，他のステークホルダー（利害関係者）の利益を害するのではないかという視点からの批判がしばしばなされる。しかし，企業が競争市場の中でのプレーヤーであり，株主が残余請求権者（residual claimant）であるという立場を正しく認識するならば，そのような批判は当を得ていないものと判断される。

　株主が受け取るのは他のステークホルダーの請求権をすべて満足させた後の残余（residual）―すなわち，企業の収入から，サプライヤー，債権者，従業員，経営者などへの契約上の支払いをすべて済ませた後の残

り一である。企業はさまざまな不確実性に取り巻かれているので，残余がいつもプラスになるという保証はない。マイナスになれば，損失を被る。そのようなリスクを負担しているという意味において，株主は最も侵されやすい請求権を所有する立場にある。そのため，株主は他のステークホルダーの要求を充足しつつ，企業の交渉力を強化することに最大の関心を持つ立場に置かれる。企業活動に関する基本的な意思決定権限が株主総会という形で株主に与えられるのは，そのためである。かくして，健全な市場競争のもとで株主価値，すなわち，最も侵されやすい請求権の価値を高めることが，すべてのステークホルダーの要求を充足することにつながると考えられるのである。

(2) コーポレート・ファイナンスの目的

　コーポレート・ファイナンスでは企業の資金調達と運用に関する意思決定問題を取り扱う。したがって，企業の目的も金銭的尺度により与えられる。最も重要な目的は先に述べたように，結果としての「企業価値の最大化」である。この目的を達成するために，コーポレート・ファイナンスでは以下のような目的をさらに置く。

　①事業活動に必要な資金をどのように集めるか。
　②集めた資金をどのように運用するか。
　③事業活動で得た利益をどのように分配するか。

4. コーポレート・ファイナンスにおける資金循環

　コーポレート・ファイナンスの分野では，企業を中心に資金がどのよ

16

うに循環するのかを概観することにしよう。企業の資金調達については第9章で詳しく学ぶ。企業の資金調達は大きく外部調達と内部調達に分かれるが，ここでは経済活動を行う経済主体を家計と企業の2つで考え，企業外部からの資金調達の流れを説明する（図1-1）。

　私たち各々は家計に分類される。家計では所得を元に消費が行われるが，余った分，あるいは将来に備えての分が貯蓄に回る。一部は投資に回ることもあるだろう。その意味では家計は資金が余っている部門（資金提供側）に相当する。貯蓄や投資を通じて私たちは利息や配当，値上がり益といった利潤を得ることができる。

　一方，企業は資金が不足している部門（資金調達側）である。企業はモノやサービスを提供するために，原材料費や加工費，人件費などさま

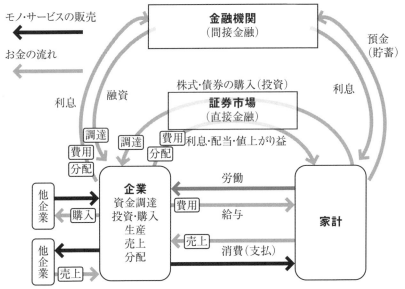

図1-1：企業を取り巻く資金循環

ざまなコストを支払っている。このとき，手持ち資金のみで企業活動を
行うよりも，外部から調達して規模を拡大した方が，大きな利益を獲得
する機会が増加する。仮に「絶対成功する」というアイデアをあなたが
思いついたとしよう。このとき，あなたは自前で資金が集まるまでは事
業化しない，などと呑気なことは考えないだろう。金融機関の他，親戚，
友人などあらゆる手段を使ってお金を集めて，いち早く事業にしないと，
他の誰かが実現してしまうかもしれないからだ。この例は極端かもしれ
ないが，一般的に企業が事業活動をするための資金をすべて自前で賄え
ることは少なく，外部からの調達を必要としている。

　具体的には，企業の資金調達源は株主からの出資分および利益の留保
分からなる自己資本と，借り入れによる他人資本に分類される。企業が
外部から資金調達する際の調達先として代表的なものは，金融機関から
の借り入れである。金融機関の貸し出す資金は預金者から集めた預金で
ある。金融機関は貸出先から得る金利で預金者に対して利息の支払いを
行っている。最終的な資金の出し手である預金者（家計）は，どの企業
に貸し出すかを決めることはできない。しかし，貸出先の経営が悪化し
て，利払いが滞ることで収入が得られなくなるというリスクは金融機関
が負担し，家計はこのリスクからは解放されているという特徴がある。
このように，資金の出し手と借り手の間に金融機関が関与するタイプの

表1−2：間接金融と直接金融の違い

	間接金融	直接金融
資金の具体例	借入	株式，債券
資金の流れ	家計→金融機関→企業	家計→企業
資金の出し手への報酬	金利	金利，配当，値上がり益
資金の出し手が負うリスク	低い （金融機関が肩代わり）	出し手が直接負う（出資方法によりリスク水準は様々）

資金調達を間接金融と呼ぶ。

　これに対して，企業が自社の株式や債券を発行し，投資家（家計，金融機関など）から直接資金を集めることを直接金融と呼ぶ。投資家はどの企業に投資を行うかを決定し，株式や債券を購入する。企業は資金提供を受けた報酬として，利益の中から利払いや配当の支払いを行う。投資家は投資先企業の業績により，利払いや値上がり益が得られなくなるというリスクを直接負担するのが特徴である。株式による調達は自己資本（純資産）に組み込まれるが，債券は借り入れに相当するので他人資本（負債）に分類される。

　調達した資金はそれぞれにコストが異なる。先に述べたように，株主は他のステークホルダーの請求権を満たした後の残余を受け取るため，最も企業の営業リスクを負担する存在である。そのため，株式のコストは調達先の中で最も高く，負債は株式よりもコストが低い傾向にある。したがって，コスト面から企業価値の最大化を求める場合，負債調達を極限まで行うことが望ましいように見えるが，巨額の負債調達に対し利払いが滞ったり元本が返済できなくなるリスクすなわち，デフォルト（債務不履行）リスクを抱えることになる。そのため，実際には調達先と金額のバランス，すなわち，資本構成を考慮しながら調達しなければならない。

　このように，企業は間接，直接金融を経由して資金を調達する。したがって，経営者や企業財務の担当者は資金調達の手段である株式，債券などの資産価値がどのように決定されるのか，何によって変動するのかについて知らなければならないのである。

5.　コーポレート・ファイナンスにおける資金運用と管理

　調達された資金は事業に投下される。具体的には，他の企業から原材料や機械設備，商品の購入や，販売のための費用，従業員への給与支払いなどに充てられる。生み出されたモノやサービスは，減価償却や販売を通じて資金回収される。企業は利潤を上げることを求められているから，資金が投下される前に，事業の経済性が十分検討されなくてはならない。経済性の判断には，資金提供者が求める利益の水準が関係してくる。資金提供者が求める利益を獲得しなくては，引き続き資金提供を受けることはできない。つまり，企業は出資者が求める利益を最低限稼がなくてはならない。これがいわゆる資本コストの考え方である。先に述べたように，出資者の構成が異なれば，資本コストも変化する。したがって，どのような資金調達を行ったか，すなわち資本構成が資本コストに影響する。事業活動が順調に推移した結果，最終的に利益が得られる。利益は金融機関や投資家などの資金提供者に，利払いや配当という形で分配される。利益の水準に応じて株価や債券価格にも変化が表れ，売却益という形でも分配が行われる。さらに，利益の一部は将来の事業活動に備えて蓄積されることもある。

　長期では資本コストを超える成果を出すことを企業は求められるが，短期ではいわゆる資金繰りも重要となる。製造業であれば原材料の購入費，小売業であれば商品の仕入れに対する支払いなどは短期間のうちに発生する費用である。モノやサービスの販売から回収された資金で支払いが間に合う場合もあるが，回収された資金だけでは足りない場合や，回収のタイミングが遅れるために支払いができなくなることもある。年間では黒字であっても，資金繰りがうまくゆかないため倒産，いわゆる黒字倒産ということも起こりうる。そのため，コーポレート・ファイナ

ンスでは短期の資金繰りも重要なテーマとなる。

6．本書の構成

　最後に本書の構成について触れておこう。第 2 章から第 6 章は投資の理論が中心となる。資金の現在の価値と将来の価値の関係を定義し，市場でリスクのある資産，すなわちリスク資産がどのように評価されるのかを学ぶ。第 2 章は貨幣の時間価値と現在価値の考え方について説明する。第 3 章では割引現在価値の考え方を用いて株式や債券の価値評価を学ぶ。第 4 章ではリスク資産のリスクとリターンについて，第 5 章ではポートフォリオのリスクとリターンについて学ぶ。第 6 章では資本資産評価モデルなど，リスク資産の収益率を記述するモデルについて解説する。第 7 章，第 8 章ではリスクをコントロールする手法の 1 つとして，デリバティブの仕組みについて解説する。

　第 9 章では，企業の資金調達の手法について解説し，第 10 章では，資金の調達と運用の結果を表す財務諸表の分析を行う。第 11 章では，資本コストについて学習する。第 12 章では，設備投資が代表的となる投資意思決定の考え方を紹介し，第 13 章では，企業価値評価を解説する。第 14 章では，株主と経営者の潜在的な利害の不一致の問題を情報非対称性として考える。最後に，第 15 章ではまとめとして，ファイナンス分野における課題と展望について検討する。

学習課題

(1)　企業内におけるさまざまな活動を書き出し，ファイナンスに関連する活動と，それ以外の活動に分類してみよう。

(2)　コーポレート・ファイナンスにおける企業の目的と，経済学・経営学のその他の領域における企業の目標を比較してみよう。

(3)　身のまわりにおけるファイナンス活動について検討してみよう。

参考文献

仁科一彦『現代ファイナンス理論入門〈第2版〉』中央経済社，2004年

古川浩一／蜂谷豊彦／中里宗敬／今井潤一『コーポレート・ファイナンスの考え方』中央経済社，2013年

ツヴィ・ボディ，ロバート・C・マートン著，大前恵一朗訳『現代ファイナンス論』ピアソン，1999年

2 | 貨幣の時間価値と割引現在価値

阿部圭司

《**学習のポイント**》今日の1万円と1年後の1万円は同じ価値を持たない。それは時間の価値が反映されるべきだからである。時間の価値を表象したものが金利である。金利を用いてわれわれは現在の価値を将来の価値へと変換可能となる。逆に金利を使って将来の価値を現在の価値へと変換することもできる。本章ではファイナンスにおける重要な概念である時間の価値と割引現在価値の関係について学ぶ。

《**キーワード**》時間の価値，金利，割引計算，割引現在価値

1. 時間の価値

(1) 時間の価値

　今，1万円の資金（元本）がある。金融機関の口座に1年間預金すると，1年間その元本を使わずにいる代わりに，元本に対するパーセント（%）で示される「金利」分の利息を受け取ることができる。利息，つまり金利は1年間という時間，元本を消費しなかったことに対する対価，すなわち時間の価値とみなすことができる。

　しかし，同じ1年間元本を消費しなかったとしても，いわゆるタンス預金からは利息は生まれない。注意したいのは，自身が消費しないだけではなく，その間，元本を他人が使用する場合に時間の価値が発生している，ということである。分かり易いのは，お金を借りる場合だろう。その間，貸し手は元本を消費しないが，借り手は借りたお金で住宅を購入（住宅ローン）したり，自動車を購入（自動車ローン）したりする。

支払う利息はその期間中のお金のレンタル料ということになる。

　今，1 年間の金利を 5% とし，年 1 回利息が支払われるとしよう（税金等は無視するものとする）[1]。1 年後に受け取る利息は，10,000 × 5%＝500 より 500 円となり，1 万円の元本は 1 年後に元利金合計 10,500 円になることがわかる。これを式で表現すると，

$$10,000 + 10,000 \times 0.05 = 10,500 \qquad (2-1)$$

となる。(2-1) 式は次のように表現した方が使いやすい。

$$10,000 \times (1 + 0.05) = 10,500 \qquad (2-2)$$

これを一般的に表現すれば，

$$現在の価値 \times (1 + 金利) = 将来の価値$$

となる。金利が現在の価値を将来の価値に変換する道具としての役割を果たしていることがわかる。

(2) 複利計算

　金利の話をもう少し続けよう。上記の例で 1 年後ではなく，2 年後に受け取るものとすると，将来の価値はいくらになるだろうか。2 年目の金利も変化せず，年 5% と仮定しよう。現在の 1 万円は最初の 1 年で 10,500 円になり，次の 1 年では 10,500 円に対し年 5% の金利が付くから，2 年後には，

$$10,500 \times (1 + 0.05) = 11,025 \qquad (2-3)$$

となる。この式は 1 年後と 2 年後の関係を示しているので，現在と 2 年後の関係を示すために，(2-3) 式の左辺に (2-2) 式を代入し，整理すると次の式のようになる。

$$10,000 \times (1 + 0.05) \times (1 + 0.05)$$
$$= 10,000 \times (1 + 0.05)^2$$
$$= 11,025$$

---

1)　通常，日本の金融機関では預金・貯金に対して半年に 1 回の利息が付く。また，預金に対する利息は源泉分離課税の対象となるため，預金者の手元には税引き後の利息が支払われる。

べき乗の計算

3×3=3²=9 のように，同じ数を繰り返し掛け算する計算は「べき乗」と呼ばれる計算である。X^2 は「X の 2 乗」であるが，日本語では平方，X^3 は立方と呼ぶこともある。

電卓で計算する際には，繰り返しの数だけ掛け算をすることになるが，スマートフォン（あるいはパソコン）の電卓アプリだと，関数電卓のモードにある機能を使い，素早く求めることもできる。関数電卓モードの画面にある[^]や[x^y]といったキーがべき乗の計算キーである。例えば，6 の 4 乗を求めたい場合，

$$[6]→[\char94]（または[x^y]）→[4]→[=]$$

のキー操作で答え（1,296）が求められる。基本的なべき乗のルールを表でまとめておこう。

正の整数（含む0）の場合	$3^3 = 27$	$3^2 = 9$	$3^0 = 1$
負の整数の場合	$3^{-3}=\dfrac{1}{3^3}=\dfrac{1}{27}$	$3^{-2}=\dfrac{1}{3^2}=\dfrac{1}{9}$	$3^{-1}=\dfrac{1}{3}$
分数の場合	$3^{\frac{1}{3}}=\sqrt[3]{3}$	$3^{\frac{1}{2}}=\sqrt[2]{3}=\sqrt{3}$	

，1 年に 500 円付くのだから，2 年分で 1,000 円，すなわち 11,000 円とはならない。11,025 円を分解すると 1,000 円は元本 1 万円に対し 2 度利息が付いた分，25 円は 1 年目で得た利息 500 円に対して利息が付いた分である。金利にさらに金利が付くようなこの計算を複利計算と呼ぶ。これを一般的に表現すれば，

$$現在の価値×(1＋金利)^{期間}＝将来の価値$$

$$PV×(1+r)^n＝FV \qquad\qquad (2-4)$$

となる。PV（Present Value）は現在の価値，FV（Future Value）は将来の価値，r は金利，n は期間である（図 2-1）。

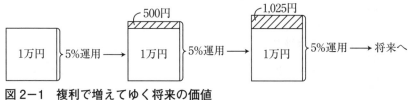

図 2−1　複利で増えてゆく将来の価値

例題 1　5 万円を年 3％の金利で 4 年間預けた場合，4 年後の元利金合計はいくらになるか。ただし，金利の支払いは年 1 回，小数点以下は四捨五入とする。

複利計算の式，

$$PV \times (1+r)^n = FV$$

に与えられた条件を代入して，

$$= 50{,}000 \times (1+0.03)^4 = 56{,}275.44...$$

となり，小数点以下を四捨五入して 56,275 円となる。

　複利に対して，前述の例だと年に 500 円ずつ増えてゆくタイプの金利を単利という。単利は常に元本にのみ対して利息が付くことを意味する。複利の効果は期間が長くなるほど大きくなる。図 2−2 は元本 100 万円を年 10％の金利で運用した場合，単利と複利ではどれくらい違うかを示したものである（税金などは考慮していない）。図からも読み取れるように，4 〜 5 年目くらいではさほど差は付かないが，7 〜 8 年目くらいから差が目立ち始め，10 年目では複利が単利の 1.3 倍に，15 年目では約 1.7 倍，20 年目では差が 2 倍以上にまで拡大することがわかる。物事がどんどん増えて膨らんでゆく様子を「雪だるま式に」と表現するが，複利計算はまさに雪だるま式に増える計算である。

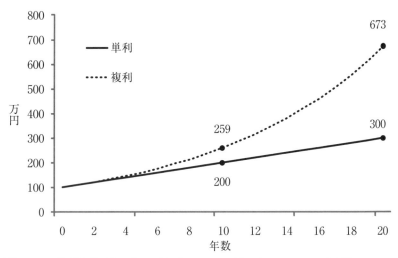

図2−2　単利と複利の違い（元本：100万円，年10%，20年間）

(3) 将来にわたる複数期に預け入れがある場合

　ここまでの話は，初めに元本（資金）を預け，1年あるいは数年後の元利金合計を求めるという形であり，資金が出入り（キャッシュ・フローと呼ぶことにする）するタイミングは最初と最後にそれぞれ1回ずつというものであった。次に，複数回にわたり預け入れのある場合について考えてみよう。

　企業に勤めていると，福利厚生の一環として財形貯蓄の制度が用意されていることや，金融機関の自動積立のサービスを利用して毎月積み立てをしている，という人もいることだろう。このように毎期キャッシュ・フローの流入がある場合，一定期間後の元利金合計はどうなるだろうか。次のような数値例を考えてみよう。

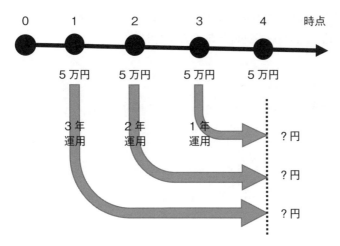

図2−3 将来にわたりキャッシュ・フローが生じる場合の将来価値（例題2）

例題2 年4%の金利を得られる口座に，今から1年後に5万円，2年後，3年後にもそれぞれ5万円を預金することを4回繰り返した後，4年後の元利金合計はいくらになるか。ただし，金利の支払いは年1回，小数点以下は四捨五入とする。

　この例題のように，将来の複数のタイミングでキャッシュ・フローが流入する場合には，図2−3のような形で毎年預けられた5万円がそれぞれ年4%の金利で成長していることイメージすると良い。つまり，求めたい元利金合計は，流入したタイミング毎に複利計算をして得られた元利金合計を足し合わせることで求められる。

　時点1に5万円預金をしたものは3年分，時点2に預金された5万円は2年分，時点3では1年分，それぞれ年4%で複利計算され，最後に預金された5万円は運用されないので，そのまま5万円となる。すなわち，

$$50{,}000 \times 1.04^3 + 50{,}000 \times 1.04^2 + 50{,}000 \times 1.04^1 + 50{,}000$$

$$56{,}243 + 54{,}080 + 52{,}000 + 50{,}000 = 212{,}323$$

となる。

これを一般的に表現すれば,

$$FV = PV_1(1+r)^{n-1} + PV_2 \times (1+r)^{n-2} + \cdots$$
$$+ PV_{n-1}(1+r) + PV_n \tag{2-5}$$

となる。

ここで,少々式を変形してみよう。(2-5) 式において,毎期の積立額が一定と仮定($PV_1 = PV_2 = \cdots = PV_n = PV$)すると,

$$FV = PV(1+r)^{n-1} + PV(1+r)^{n-2} + \cdots + PV(1+r) + PV \tag{2-6}$$

となる。この (2-6) 式に $1+r$ を掛けたものを (2-7) 式とし,

$$(1+r)FV = PV(1+r)^n + PV(1+r)^{n-1} + \cdots + PV(1+r) \tag{2-7}$$

(2-7) 式から (2-6) 式を引くと,

$$(1+r)FV - FV = PV(1+r)^n - PV$$

となり,これを整理すると,

$$FV = \frac{PV}{r}\{(1+r)^n - 1\} \tag{2-8}$$

となる。PV は任意の金額であるが,これを1円と見立てた場合に得られる式,

$$\frac{(1+r)^n - 1}{r} \tag{2-9}$$

を年金終価係数と呼ぶ。様々な金利 r と期間 n について (2-9) 式を求めた値を年金終価係数表と呼ぶ。本書の巻末にこの年金終価係数を表にしたものを掲載している。各期に積み立てる一定金額に年金終価係数をかけ合わせることで,将来得られる元利金合計を求めることができる。

年金終価係数を求めてみよう

　コンピュータに表計算ソフトがインストールされていれば，関数を用いて年金終価係数を求めることができる。Microsoft 社の Excel を用いる場合，FV 関数を用いる。ワークシート上で，

＝FV（金利，期間，−1）

と入力することで求められる。例題 2 で取り上げた 4%，4 年であれば，＝FV（0.04，4，−1）と入力する。年 4% の金利で期末に 1 円ずつ積み立てることを 4 年続けると，元利合計がいくらになるか，という計算になっている。実行結果は，¥4.2465 と出力されるので，通貨記号を省いて利用する（表示形式で数値に変更するとよい）。

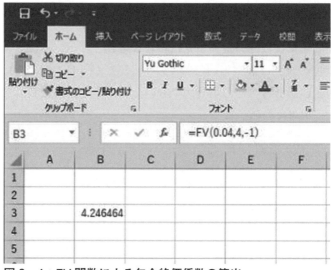

図 2−4：FV 関数による年金終価係数の算出

　表 2−1 は年金終価係数表の一部であるが，この表から例題 2 で取り上げた 4%，4 年であれば 4.2465 と分かるので，これを毎期の預け入れ額，5 万円にかけて，212,325 円となることが分かる（細かな違いは年金終

表2−1：年金終価係数表（一部）

利率 / 年	1	2	3	4	5
1%	1.00000	2.01000	3.03010	4.06040	5.10101
2%	1.00000	2.02000	3.06040	4.12161	5.20404
3%	1.00000	2.03000	3.09090	4.18363	5.30914
4%	1.00000	2.04000	3.12160	4.24646	5.41632
5%	1.00000	2.05000	3.15250	4.31013	5.52563
6%	1.00000	2.06000	3.18360	4.37462	5.63709
7%	1.00000	2.07000	3.21490	4.43994	5.75074

価係数が丸められているためである）。

(4) 1期間中に複数回の金利が支払われる場合

　金融機関の金利は通常年○○％という表記だが，日本国内では通常年2回の利払いがある。この場合，半分の金利で年2回の複利計算が行われるので，1年後の価値は，

$$FV = PV\left(1 + \frac{r}{2}\right)^2$$

となる。毎日，すなわち365日利払いのある場合は，

$$FV = PV\left(1 + \frac{r}{365}\right)^{365}$$

となるだろう。つまり，一般的に年m回の利払いがある場合には，

$$FV = PV\left(1 + \frac{r}{m}\right)^m$$

となる。したがって，年m回の利払いがn年続くのであれば，

$$FV = PV\left(1 + \frac{r}{m}\right)^{mn}$$

と書くことができる。さらに 1 年間のうち，利払いの回数 m を 1 日よりもさらに細かい時間に分割した場合を考える。つまり m を無限大とする（m → ∞），このような状態を連続時間という。連続時間（連続複利）の状態では，1 年間の元利金合計は，

$$FV = PV \times e^r$$

となる[2]。また，期間 n における元利金合計は，

$$FV = PV \times e^{rn}$$

となる。e^r を $\exp(r)$ と書く場合もある[3]。

> ### 72 の法則
>
> 　複利計算は手計算となると面倒であり，普段はコンピュータにインストールされた表計算ソフトや関数機能を備えた金融電卓を用いることになるだろう。しかし，近似的な結果を求める方法があり，「72 の法則」と呼ばれている。これは，投資した金額が倍になる期間は 72 をパーセント表記した金利で割った値に近似する，というものである。例えば，金利が 10% であれば，$72 \div 10 = 7.2$ となり 7 年と少しで倍になるということを示している。実際，複利計算を行うと，$100 \times (1 + 0.1)^7 = 195$ であるから，概ね正しいことがわかる。

(5) 金利の種類と金利の構成要素

　ここまで，金利は 1 種類しか存在しないかのように扱ってきたが，現実には様々な種類，水準の金利が存在する。金利の種類について，いくつか概観する。

■長期金利と短期金利

　貸し出し（借り入れ）の期間の長さにより金利の水準は異なっている。長期金利とは，1 年以上の期間に貸し借りされる資金に対する金利であ

---

2) e はネイピア数，いわゆる自然対数の底であり，e = 2.71828…である。
3) exp は指数関数であることを示し，エクスポーネント，エクスポネンシャルと読む。

る。長期金利は長期資金の需要と供給のバランスで決定する。短期金利や物価の動向，経済に対する予想が長期金利の水準に影響を与える。代表的なものに，10 年国債の金利，社債の金利，住宅ローン金利がある。

　一方，短期金利とは，1 年未満の短期間に貸し借りされる資金に対する金利である。短期金利もまた需要と供給のバランスにより決定するが，主に中央銀行（わが国であれば日本銀行）の金融調節によってコントロールされている。わが国では，銀行間で資金融通を行う市場であるコール市場（インターバンク市場）で適用されるコールレート（特に無担保コール翌日物レート）が短期金利の代表である。

　通常，金利の水準は長期金利が短期金利を上回る水準で推移している。これを順イールドと呼ぶ。歴史的に見ると，金利水準の低下局面で短期金利が長期金利を上回るケースが観察されている。これを逆イールドと呼び，景気後退のシグナルとされている。

■変動金利と固定金利

　貸し出し（借り入れ）の期間中，金利水準が固定されているものを固定金利，定期的に見直しが行われ，金利の変更があるものを変動金利と呼ぶ。住宅ローンなどでは，固定，変動金利両方から選べる場合が多い。固定金利は将来にわたり支払い（受け取り）金額が確定することで，金利変動のリスクを受けにくいという特徴を有する。一方，変動金利は将来の支払い（受け取り）金額が変動するというリスクがあるものの，固定金利よりも低い金利で借りられるなどの利点がある。

■実質金利と名目金利

　物価上昇率を考慮しない，表面上の金利を名目金利と呼ぶ。金融機関の窓口などで表示されている金利は名目金利である。一方，実質金利と

は，物価上昇率（インフレ率）を考慮した金利のことである。金融機関で示されている金利（名目金利）が年5％のとき，予想されるインフレ率が年3％であれば，実質金利は年2％ということになる。このことから，インフレ率が高まれば，実質金利はマイナスの値となることもあるし，逆にデフレで物価が下がれば，実質金利は名目金利よりも高くなる場合もある。

> **金利には上限がある**
>
> 　金利は需要と供給で決まるといっても，通常はお金を借りる側の立場が弱い。しかし，法外な金利を課されては返済が滞り，健全な経済活動ができなくなる恐れがある。そこで，日本では通称「出資法」という法律により金融業者が年20％を超える金利の契約を行うことを禁止（刑事罰の対象となる）している。さらに「利息制限法」という法律で貸し付けを行う際の利率の上限が定められている。2010年の改正以降，10万円までは年20％，10万円から100万円までは年18％，100万円以上は年15％の上限が決められている（超えた場合は行政処分の対象となり，超過分は無効となる）。また，「貸金業法」では過度な借り入れから消費者を守るために，年収などを基準に，その3分の1を超える貸し付けが原則禁止されている（銀行などが行うローンやクレジットカードで商品やサービスを購入する場合は適用されない）。

2. 割引計算

　前節では，金利は現在の価値を将来の価値に変換する装置であることを説明した。期間当たりの金利と期間がどれくらいかがわかれば，現在の価値が将来いくらの価値となるのかが計算で求められる。

　では，見方を変えて，先の（2-4）式，

$$PV \times (1+r)^n = FV \tag{2-4}$$

から現在価値 PV について求めてみよう。すなわち,

$$PV = \frac{FV}{(1+r)^n} \qquad\qquad (2-10)$$

を考えるということである。記号は前出と同じである。期間当たりの金利と期間がわかれば，将来のある金額が現在の価値に直すといくらになるのかが計算で求められる。この計算を割引計算，求めた現在の価値を現在価値，あるいは割引現在価値と呼ぶ。また，このときの金利を割引率ともいう。

例題3　3年後の10万円は，1年当たりの金利（割引率）が5%であるならば，現在価値はいくらになるか。ただし，小数点以下は四捨五入とする。

$(2-10)$ 式に与えられた条件を代入して，

$$現在価値 = \frac{100,000}{(1+0.05)^3} = 86,383.76$$

となり，およそ 86,384 円ということがわかる。

　次に将来の複数回にわたり，キャッシュ・フローが入ってくることを考える。例題を通じて考えてみよう。

例題4　1年後に5万円，2年後に8万円，3年後に10万円受け取る権利がある。この期間中，1年当たりの割引率が常に5%であるならば，その現在価値の合計はいくらになるだろうか。ただし，小数点以下は四捨五入とする。

これも図でイメージを確認しよう。

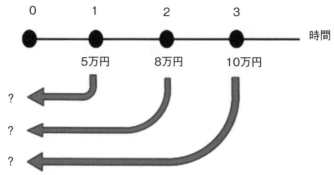

図 2－5：将来にわたりキャッシュ・フローが流入する場合の現在価値（例題 4）

　将来の複数回にわたりキャッシュ・フローが入ってくる場合の現在価値は，キャッシュ・フローが入るそれぞれのタイミングで割引計算をし，最終的に合計して現在価値を求める，という考え方をする。

$$現在価値 = \frac{50,000}{1+0.05} + \frac{80,000}{(1+0.05)^2} + \frac{100,000}{(1+0.05)^3}$$
$$\fallingdotseq 206,565.17$$

となり，およそ 206,565 円ということがわかる。一般的な形で書けば，

$$PV = \frac{FV_1}{1+r} + \frac{FV_2}{(1+r)^2} + \cdots + \frac{FV_n}{(1+r)^n} \tag{2-11}$$

$$PV = \sum_{i=1}^{n} \frac{FV_i}{(1+r)^i} \tag{2-11}$$

となる。Σ（シグマ）は数列の和を表す記号である。ファイナンスではこのように，将来の複数の期間にわたってキャッシュ・フローを受け取る場合を考察することが多々ある。株式の配当，債券の利息，特許権からの収入など特定の権利から生じるものの価値や，何らかのプロジェク

ト，事業部の価値のみならず，企業全体の価値もこの考え方で評価でき
る。

　割引計算により現在価値を算出する際，各期の受取額を，任意の割引
率 r と期間 n より $(1+r)^n$ で除するが，割引計算における任意の割引率
と期間について，

$$\frac{1}{(1+r)^n}$$

を求めた値を複利現価係数，あるいは現価係数と呼ぶ。各期の受取額に
現価係数をかけ合わせることで，その現在価値を求めることができる。
本書の巻末にこの現価係数を表にしたものを掲載している。表 2-2 は
現価係数表の一部であるが，これを見ると，3 年目に受け取る金額の現
在価値は，割引率 5% のとき，0.86384 が現価係数であることが分かる。
これを受取額にかけることで現在価値となる。先ほどの例題，3 年後に
受け取る 10 万円（割引率 5%）の現在価値は，

　　　　　100,000 円×0.86384＝86,384 円

と複利現価係数から直ちに求まる。

表 2-2：複利現価係数表（一部）

割引率 / 年	1	2	3	4	5
1%	0.99010	0.98030	0.97059	0.96098	0.95147
2%	0.98039	0.96117	0.94232	0.92385	0.90573
3%	0.97087	0.94260	0.91514	0.88849	0.86261
4%	0.96154	0.92456	0.88900	0.85480	0.82193
5%	0.95238	0.90703	0.86384	0.82270	0.78353
6%	0.94340	0.89000	0.83962	0.79209	0.74726
7%	0.93458	0.87344	0.81630	0.76290	0.71299

現価係数を求めてみよう

　コンピュータに表計算ソフトがインストールされていれば，関数を用いて現価係数を求めることができる。Microsoft 社の Excel を用いる場合，

＝ PV（割引率，期間，0，－1）

と入力することで求められる。例えば，先の例題 4 における 3 年目，割引率 5％であれば，

＝ PV（0.05，3，0，－1）

と入力する。年 5％の金利で 3 年間，期間中の支払いはなく（この 0 は省略できる），満期に 1 円受け取る場合の現在価値を求める計算になっている。実行結果は ¥0.86384 となるので，年金終価係数と同様，通貨記号を省いて利用する。

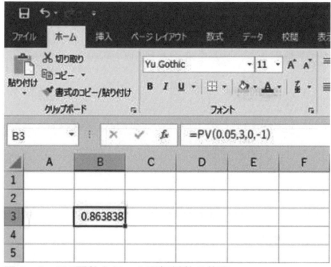

図 2－6：PV 関数を用いた現価係数の算出

（2-11）式にもう少し仮定を追加して簡単にしてみよう。各期に受け取る価値 FVi がすべて同額（FV）であると仮定すると，（2-11）式は，

$$PV = \frac{FV}{1+r} + \frac{FV}{(1+r)^2} + \cdots + \frac{FV}{(1+r)^n} \qquad (2-12)$$

となる。この式は初項 FV/(1+r)，公比 1/(1+r) の等比数列の和，すなわち等比級数となっている。等比数列の和の公式を用いても良いが，ここでは別の方法でこの式を整理しよう。

（2-12）式の両辺に（1+r）をかけたものを（2-13）式とし，

$$(1+r)PV = FV + \frac{FV}{1+r} + \frac{FV}{(1+r)^2} + \cdots + \frac{FV}{(1+r)^{n-1}}$$

$$(2-13)$$

（2-13）式から（2-12）式を引くと，

$$(1+r)PV - PV = FV - \frac{FV}{(1+r)^n}$$

より，これを整理して，PV を求めると，

$$PV = \frac{FV}{r}\left\{1 - \frac{1}{(1+r)^n}\right\} \qquad (2-14)$$

を得る。（2-14）式の FV を 1 円とみなした式，すなわち

$$\frac{1}{r}\left\{1 - \frac{1}{(1+r)^n}\right\} \qquad (2-15)$$

を年金現価係数と呼ぶ。本書の巻末にこの年金現価係数を表にしたものを掲載している。これは一定期間に一定金額を受け取るためには，現時点でいくらの元本で始めるべきなのか，また，一定期間に一定金額を返済する際に，現時点でいくらまで借入ができるのかを求める際に利用することができる。

> 例題5　1年後から3年後にかけて毎年5万円受け取る件の現在価値
> は，割引率を4%とするといくらになるか。ただし，小数点以下は四
> 捨五入とする。

（2-12）式に与えられた条件を代入すると，

$$\frac{50,000}{1.04}+\frac{50,000}{1.04^2}+\frac{50,000}{1.04^3}=48,076.92+46,227.81+$$

$$44,449.82\fallingdotseq138,755$$

と，現在価値を求めることができるが，年金現価係数表から，4%の割
引率で3年の係数は2.77509であるから，毎期に受け取る5万円に係数
をかけて，

$$50,000\times2.77509\fallingdotseq138,755$$

と年金現価係数表から直ちに求まる。

　また，複利現価係数表と年金現価係数表とを見比べると分かるが，例
えば，金利4%で3年の年金現価係数（2.77509）は，同じ金利で期間1
年から3年の複利現価係数（0.96154＋0.92456＋0.88900）を足し合わせ
たものになっている。

表：年金現価係数表（一部）

	1	2	3	4	5
1%	0.99010	1.97040	2.94099	3.90197	4.85343
2%	0.98039	1.94156	2.88388	3.80773	4.71346
3%	0.97087	1.91347	2.82861	3.71710	4.57971
4%	0.96154	1.88609	2.77509	3.62990	4.45182
5%	0.95238	1.85941	2.72325	3.54595	4.32948
6%	0.94340	1.83339	2.67301	3.46511	4.21236
7%	0.93458	1.80802	2.62432	3.38721	4.10020

年金現価係数を求めてみよう

　コンピュータに表計算ソフトがインストールされていれば，関数を用いて年金現価係数を求めることができる。Microsoft 社の Excel を用いる場合，PV 関数を用いる。ワークシート上で，

＝PV（金利，期間，－1）

と入力することで求められる。例えば先の例題5の4%，3年であれば，

＝PV（0.04，3，－1）

と入力する。これは、年4%の割引率で3年間，毎年1円受け取るプランの現在価値を求める計算となっている。

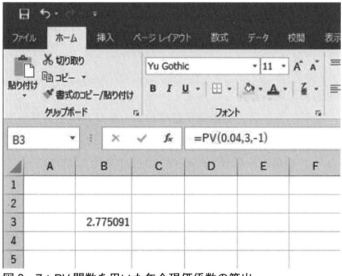

図2−7：PV 関数を用いた年金現価係数の算出

学習課題

(1) A さんは祖母から大学の合格祝いに 20 万円をもらった。4 年後の卒業まで金融機関に預金すると,卒業時にはいくらになるか。ただし,金利は年 5%(年 1 回の利払い)とし,税金はかからないものとする。

(2) B 氏は 3 年後に 200 万円を受け取るある権利を有しているのだという。割引率を年 5%としたとき,この権利の現在価値はいくらになるだろうか。

(3) C 氏は 5 年後に 300 万円の自動車を購入するために,毎年年末に 50 万円を金融機関に預金するという。年間の金利が 4%(年 1 回の利払い)としたとき,5 年後,あといくらあれば自動車を購入できるだろうか。生じる利息には税金はかからないものとする。

(4) D 社は自社の特許を利用させる対価として,1 年後に 200 万円,2 年後に 300 万円,3 年後に 500 万円受け取るという契約を先ほど結んだ。割引率を 5%としたとき,この契約の現在価値はいくらになるだろうか。

参考文献

久保田敬一『決定版コーポレートファイナンス』東洋経済新報社,2006 年

仁科一彦『現代ファイナンス理論入門〈第 2 版〉』中央経済社,2004 年

古川浩一/蜂谷豊彦/中里宗敬/今井潤一著『コーポレート・ファイナンスの考え方』中央経済社,2013 年

ツヴィ・ボディ,ロバート・C・マートン著,大前恵一朗訳『現代ファイナンス論』ピアソン,1999 年

3 │ 株式と債券の価値

阿部圭司

《**学習のポイント**》資本市場で取引される主要な資産の代表が株式，債券である。投資家の立場から見ると，株式や債券は代表的な金融商品であり，同時に企業の立場から見ると主要な資金調達方法である。第2章で学んだ割引計算の考え方を用いると，割引率を所与として，株式や債券などの理論価格を求めることができる。

《**キーワード**》配当割引モデル，ゴードン・モデル，利付債，割引債，複利最終利回り

1. 株式の価値

　割引計算の考え方を用いると，割引率を所与として，将来の収益を現在価値に引き直すことができる。この考え方を用いて株式や債券といった金融商品を評価することができる。

(1) 株式とは

　株式とは，株式会社への出資分を有価証券[1]の形で表したものである。株式を保有する株主は，出資分に応じた株主権が与えられる。この中には株主総会に出席し，重要事項に関して投票する権利や，企業が獲得した利益の一部を配当（インカムゲイン）として受け取る権利などが含ま

---

1) 有価証券とは，それ自体に財産的価値のある紙片，文書のことで，手形や小切手，債券や株式，投資信託などの受益証券の他，海運業界で扱われる船荷証券，倉庫業界では倉荷証券などがある。意外なところでは，商品券や図書券も有価証券とされている。逆に借用証書，預金証書，郵便切手，収入印紙などは有価証券に該当しない。

れている。また，株価の上昇は売却益（キャピタルゲイン）という形で利益を株主に与える。

　株式は有価証券であるので，株主が現金を必要とした場合，株式を企業に買い取ってもらうのではなく，市場で第三者に転売することで現金化する。このことは，企業から見れば，株式で集めた資金は返済の必要のない資金とみなすことができるため，株式により調達した資金は企業にとって最も長期的な資金とみることができる。

(2) 株式の価格（配当割引モデル）

　ある株式を現時点で，価格 P_0 で購入し，1期間後に価格 P_1 で売却したとする。

　また，売却直前に配当 D_1 も受け取っていたとする。このとき，この株式投資からの収益率 r は，

$$r = \frac{P_1 - P_0 + D_1}{P_0} \tag{3-1}$$

と書くことができる。この収益率 r（ここでは r>0 と仮定する）は1期間後に実現する収益率であるため、投資家が抱く将来の期待収益率と理解できる。これを割引率とみなし，（3-1）式を P_0 について解くと，

$$P_0 = \frac{P_1}{1+r} + \frac{D_1}{1+r} \tag{3-2}$$

となる。このように，現在の株価とは，将来得られる株価と配当額を現在価値に割引計算した結果の和であることが理解できる。次に，1期間後にこの株式を価格 P_1 で購入し，さらに1期間後，つまり現在から2期間後に価格 P_2 で売却，売却直前に配当 D_2 を受け取ったとする。ここでも同じ収益率（割引率）であったとすると，先ほどと同様に，P_1 と P_2，D_2 との関係は，

$$P_1 = \frac{P_2}{1+r} + \frac{D_2}{1+r} \qquad (3-3)$$

となる。ここで（3-3）式を（3-2）式に代入し，整理して，

$$P_0 = \frac{D_1}{1+r} + \frac{D_2}{(1+r)^2} + \frac{P_2}{(1+r)^2}$$

を得る。これを n 期まで続けると，

$$P_0 = \frac{D_1}{1+r} + \frac{D_2}{(1+r)^2} + \cdots + \frac{D_n}{(1+r)^n} + \frac{P_n}{(1+r)^n} \qquad (3-4)$$

となる。ここで各期の配当が一定（$D_1 = D_2 = \cdots = D_n = D$）と仮定すると，
（3-4）式の配当を含む項は（2-14）式を使って，

$$P_0 = \frac{D}{1+r} + \frac{D}{(1+r)^2} + \cdots + \frac{D}{(1+r)^n} + \frac{P_n}{(1+r)^n}$$

$$P_0 = \frac{D}{r}\left\{1 - \frac{1}{(1+r)^n}\right\} + \frac{P_n}{(1+r)^n} \qquad (3-5)$$

と表現することができる。株式を発行する株式会社は将来の特定の時期
n に解散するとは考えていないので，期間 $n \to \infty$ とすると，（3-5）式
は右辺第1項が $\frac{D}{r}$ に，また右辺第2項が0に収束することから，

$$P_0 = \frac{D}{r} \qquad (3-6)$$

となる。これは株価の配当割引モデル（Dividend Discount Model：
DDM）と呼ばれるもので，株価の理論モデルの1つとされている。

例題1　現在，1株に対する配当金が42円であり，今後毎年同額の
配当が期待されている。割引率を5%とするとき，配当割引モデル
に基づく株式の理論価格はいくらになるか。

配当割引モデルに基づく株式の理論価格は（3−6）式に与えられた条件を代入して，

$$P_0 = \frac{42}{0.05} = 840$$

となる。

(3) 株式の価格（ゴードン・モデル）

　株式の理論価格を与える配当割引モデルでは，配当が将来にわたって一定という仮定を設けたが，次に，配当 D が毎期一定割合（g）で成長すると仮定した場合を考える。当初の配当を D_0 とすると，D_1, D_2, D_3 は，

$$D_1 = D_0(1+g)$$
$$D_2 = D_0(1+g)^2$$
$$D_3 = D_0(1+g)^3$$

と書くことができる。

　配当割引モデルを導出する時と同じく，n 期までの株価は次式のようになる。

$$P_0 = \frac{D_0(1+g)}{1+r} + \frac{D_0(1+g)^2}{(1+r)^2} + \frac{D_0(1+g)^3}{(1+r)^3} + \cdots + \frac{D_0(1+g)^n}{(1+r)^n} + \frac{P_n}{(1+r)^n}$$

$$(3-7)$$

（3−7）式の両辺に $\dfrac{(1+r)}{(1+g)}$ を掛けたものを（3−8）式とし，

$$\frac{1+r}{1+g}P_0 = D_0 + \frac{D(1+g)}{1+r} + \frac{D_0(1+g)^2}{(1+r)^2} + \frac{D_0(1+g)^3}{(1+r)^3} + \cdots +$$

$$\frac{D_0(1+g)^{n-1}}{(1+r)^{n-1}} + \frac{(1+r)}{(1+g)} \cdot \frac{P_n}{(1+r)^n}$$

$$(3-8)$$

この（3−8）式から（3−7）式を引くと，

$$\frac{1+r}{1+g}P_0 - P_0 = D_0 - \frac{D_0(1+g)^n}{(1+r)^n} + \frac{P_n}{(1+r)^n}\left(\frac{1+r}{1+g}-1\right)$$

より，これを整理して，

$$P_0\left(\frac{r-g}{1+g}\right) = D_0\left\{1 - \frac{(1+g)^n}{(1+r)^n}\right\} + \frac{P_n}{(1+r)^n}\left(\frac{1+r}{1+g}-1\right)$$

$$P_0 = \frac{D_0(1+g)}{r-g}\left\{1 - \frac{(1+g)^n}{(1+r)^n}\right\} + \frac{P_n}{(1+r)^n} \qquad (3-9)$$

を得る。ここで，$r>g$ ならば，$n\to\infty$ より，｛ ｝内は 1 に，P_n の項はゼロに収束するため，結果として，

$$P_0 = \frac{D_0(1+g)}{r-g} \qquad (3-10)$$

となる。ただし，$r>g$ である。

これを成長モデル，あるいは提唱者の名前を取って，ゴードン・モデルと呼んでいる。

例題2　昨年度の1株に対する配当金は30円で，配当は今後毎年3%の定率成長を続けると予想されている。割引率を5%とするとき，成長モデルに基づく株式の理論価格はいくらになるか。

成長モデルに基づく株式の理論価格は（3-10）式に与えられた条件を代入して，

$$P_0 = \frac{30 \times (1+0.03)}{0.05-0.03} = 1545$$

となる。

> ### 成長率 g について
> 　成長モデルにおける成長率 g には，サスティナブル成長率と呼ばれる数値を用いることが多い。これは，企業の内部留保（税引き後利益のうち，配当を支払った残り，企業内部にとどめておく分）のみを事業に再投資した場合に期待される持続的な成長率である。
> $$g = ROE \times (1 - d)$$
> 　ここで，ROE は自己資本利益率，d は配当性向（税引き後利益から，配当金をどれくらい支払うかを表す比率）である。
> 　企業の今期における利益を E_t とすると，内部留保額 RE_t は，
> $$RE_t = E_t - D_t$$
> で示される。1期後の自己資本 S_{t+1} は内部留保分だけ増加するため，
> $$S_{t+1} = S_t + RE_t = S_t + E_t - D_t$$
> と書くことができる。したがって，1期後の利益 E_{t+1} は，
> $$E_{t+1} = ROE \times S_{t+1} = ROE \times (S_t + E_t - D_t)$$
> となる。ここで，$ROE = \dfrac{E_t}{S_t}$ であることを考慮すると，
> $$E_{t+1} = E_t + ROE \times E_t \times \left(1 - \frac{D_t}{E_t}\right)$$
> $$= E_t + E_t \times ROE \times (1 - d)$$
> $$= E_t(1 + g)$$
> となる。配当 D_{t+1} は翌期の利益 E_{t+1} から支払われることから，
> $$D_{t+1} = E_{t+1} \times d = E_t(1 + g) \times d$$
> $$= D_t(1 + g)$$
> と示すことができる。

(4) 多段階成長モデル

　ゴードン・モデルは一定成長を仮定しているが，成長率に変化がある場合を考慮したモデルを設定することも可能である。これらは多段階成長モデルと呼ばれるもので，成長率の変化の段階に応じて，2段階成長モデル，3段階成長モデルなどとも呼ばれている。

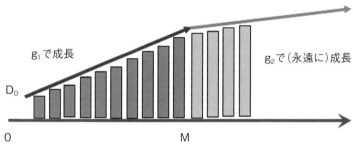

図 3-1：多段階成長モデルのイメージ

　例えば，図 3-1 のように，M 期までは成長率 g_1 で配当が成長し，その後成長率が鈍化し，成長率 g_2 で配当が成長し続けると予想される，2 段階成長モデル場合，理論株価は次のようなステップで算出する。

　①：M 時点まで，毎年の配当額を求め，これを現在価値に割り引く。

　②：M 時点以降について，一定成長モデルで株価を算出する。

　③：②で求めた株価はM時点の値なので，これを現在価値に割り引く。

　④：①と③の金額を合計し，理論株価とする。

3 段階以上のモデルの場合は，①のステップが成長率の変化の分だけ繰り返す，という形になる。また，②の M 時点以降については，一定の成長率が続く場合は成長モデル，配当に変化がない場合には配当割引モデルで算出する。③の現在価値に割り引く際には，$1+r$ の M 乗で割り引くことに注意したい。

例題3　ある会社の昨年度の 1 株に対する配当金は 20 円で，配当は今後 5 年間では毎年 5％，その後は 3％の定率成長を続けると予想されている。割引率を 4％とするとき，2 段階成長モデルに基づく株式の理論価格はいくらになるか。ただし，小数点以下は四捨五入とする。

まず，1年後から5年後までの配当額は，

1年後の配当：$D_1 = 20 \times (1 + 0.05) = 21$
2年後の配当：$D_2 = 20 \times (1 + 0.05)^2 = 22.05$
3年後の配当：$D_3 = 20 \times (1 + 0.05)^3 = 23.15$
4年後の配当：$D_4 = 20 \times (1 + 0.05)^4 = 24.31$
5年後の配当：$D_5 = 20 \times (1 + 0.05)^5 = 25.53$

で求められる。また，5年後以降の理論株価は，6年後の配当が $20 \times (1 + 0.05)^5 \times (1+0.03)$ と書くことができるので，成長モデルを用いて，5年後の株価 P_5 を求めると，

$$P_5 = \frac{20 \times (1 + 0.05)^5 \times (1 + 0.03)}{0.04 - 0.03} = 2629.14$$

となる。したがって，現在の理論株価は，これらを現在価値に割り引きし，合計することで求められる。

$$P_0 = \frac{21}{1 + 0.04} + \frac{22.05}{1.04^2} + \frac{23.15}{1.04^3} + \frac{24.31}{1.04^4} + \frac{25.53}{1.04^5} + \frac{2629.14}{1.04^5}$$

$$= 20.19 + 20.39 + 20.58 + 20.78 + 20.98 + 2160.96 = 2263.88$$

より，理論価格は 2,264 円となる。

割引率について

　本書では配当割引モデル，成長モデルに用いる割引率（株主資本コスト）の算出方法として第5章で学ぶ資本資産評価モデル（CAPM）により与えられるとしているが，PER（株価収益率）から求めるアプローチもある。PER は以下の式で与えられる。

$$PER = \frac{P}{EPS}$$

ここで，P は株価，EPS は 1 株当たり税引き後利益である。

成長モデルを示す（3-10）式において，表現を簡単にするため，分子を添え字のない D と書き換えるとする。

$$P_0 = \frac{D}{r-g}$$

配当は税引き後利益から支払うことになるので，配当金を支払う比率，配当性向を d（0<d≦1），税引き後利益を X（X>0）とすると，

$$P_0 = \frac{dX}{r-g}$$

と書き直すことができる。ここで，

$$\frac{P_0}{X} = \frac{d}{r-g}$$

とすると，左辺は PER となり，右辺は d＝1（利益をすべて配当する），g＝0（成長しない）ならば 1/r となり，割引率の逆数の形になっていることが分かる。例えば，ある株式の PER が 16 倍と観察されている場合，割引率は 1/16，すなわち 6.25% と見積もることができる。ただし，PER を一定とした場合，配当性向や成長率の影響を受けて割引率は上下する。

2. 債券の価値

(1) 債券とは

債券とは国や自治体，企業が発行する有価証券で，借り入れの一種である。借り入れと同様の性質を持つので利払い（クーポン）があり，約束した期限が来れば返済が行われる（償還）。クーポンは通常，償還額に対するパーセンテージで表現される（クーポン・レート）。債券は有価証券なので，償還まで保有せずに途中で市場において売却（あるいは購入）することができる。国が発行する債券を国債，企業が発行する債券を社債という。また，定期的に利払いが行われる債券を利付債，期間

中利払いがない代わりに，購入価格が償還額よりも割り引かれている債
券を割引債という。

(2) 債券の価格

　各期に支払われるクーポンを C，償還時での償還額[2)]を F，償還まで
の期間を n，所与の割引率を r とすると利付債の価格 P_0 は，

$$P_0 = \frac{C}{1+r} + \frac{C}{(1+r)^2} + \cdots + \frac{C}{(1+r)^n} + \frac{F}{(1+r)^n}$$

$$P_0 = \frac{C}{r}\left(1 - \frac{1}{(1+r)^n}\right) + \frac{F}{(1+r)^n} \tag{3-11}$$

となる。次に割引債は各期の利払いのない債券なので，その価格は，利
付債の価格を示した（3-11）式に C＝0 を代入して，

$$P_0 = \frac{F}{(1+r)^n} \tag{3-12}$$

となる。

例題 4　額面が 100 万円，償還までの期間が 3 年，クーポン・レート
5.0%（年 1 回利払い）の利付債の割引率が 3.0% であるとき，この利
付債の理論価格は何万円になるか。ただし，小数点第 1 位までを四
捨五入で求めよ。

この債券の理論価格は（3-11）式に与えられた条件を代入して，

$$P_0 = \frac{5}{1+0.03} + \frac{5}{(1+0.03)^2} + \frac{5+100}{(1+0.03)^3} = 4.85 + 4.71 + 96.09$$

$$= 105.65$$

より，105.7 万円となる。

---

2) 償還は債券の券面の書かれている金額が支払われる。英語では Face value，あ
るいは par value と呼ばれている。

（3－11）式や例題を通じて確認できるが，その他は一定で，クーポン・レートが大きくなるとき，債券価格は上昇し，同じく割引率が大きくなると，債券価格は下落する，という特徴がある。債券の額面（償還時に支払われる金額）と債券価格が同じとき，これをパー，額面より債券価格が小さいとき，アンダーパー，逆に額面より債券価格が大きいとき，オーバーパーと呼ぶ。この関係はクーポン・レートと割引率との大小関係でも明らかとなる。これらの関係をまとめると，

表3－1：債券の割引率，クーポン・レート，価格の関係

状態	額面と市場価格の関係	割引率とクーポン・レートの関係
パー	額面＝市場価格	割引率＝クーポン・レート
オーバーパー	額面＜市場価格	割引率＜クーポン・レート
アンダーパー	額面＞市場価格	割引率＞クーポン・レート

のようになる。

例題5　額面が100万円，償還までの期間が3年の割引債の割引率が4.0％であるとき，この割引債の理論価格は何万円になるか。ただし，小数点第1位までを四捨五入で求めよ。

この割引債の理論価格は，（3－12）式に与えられた条件を代入して，

$$P_0 = \frac{100}{(1+0.04)^3} = 88.90$$

よって，88.9万円
となる。

年2回の利払いがある場合

　ここまでの例では利払いが年1回を前提に説明をしているが，第2章でも説明したように，わが国では通常年2回の利払いが行われている。これを考慮すると，毎回の利払いではクーポンの半分の額が支払われ，割引率は半分となり，期間は倍にして求めることになる。すなわち，

$$P_0 = \frac{C/2}{1+r/2} + \frac{C/2}{(1+r/2)^2} + \cdots + \frac{C/2}{(1+r/2)^{2n}} + \frac{F}{(1+r/2)^{2n}}$$

となる。

(3) 複利最終利回り

　実際の市場では，取引を通じて債券価格の他，満期までの期間，クーポン・レート，額面などは明らかとなっている。唯一直接観察できないのが割引率である。ただし，これは債券価格を表した（3-11）式，（3-12）式から逆算することができる。価格から逆算して得たものを複利最終利回りと呼ぶ。これは投資家が債券を満期まで保有した場合の収益率である。

利付債の場合

　利付債の場合，複利最終利回りは高次方程式の解を求めることになるため，手計算では非常に難しい。任意の数値を入れて反復計算をして解を求める，試行錯誤法で求めることになる。

　例題6　満期までの期間が4年，クーポン・レート5%（年1回利払い），額面100万円の利付債に99万円の価格が付けられている場合，この債券の複利最終利回りは何パーセントになるか。ただし，小数点第2位までを四捨五入で求めよ。

複利最終利回りを手計算で求めるには以下の流れで算出する.

① 仮の割引率を代入し,理論価格を算出する。例えば,割引率5%とすると,クーポン・レートと割引率が等しいことから,

$$P_0 = \frac{5}{1+0.05} + \frac{5}{1.05^2} + \frac{5}{1.05^3} + \frac{5+100}{1.05^4} = 4.76 + 4.54 + 4.32 + 86.38 = 100$$

と,パー債券となり,実際の価格99万円よりも高くなる。これは複利最終利回りが5%では小さいことを意味する(アンダーパーであることから,割引率はクーポン・レートの5%よりも高いことは明らか)。

② 次にもう少し大きい,別の割引率を代入し,理論価格を算出する。例えば,割引率を5.5%とすると,

$$P_0 = \frac{5}{1+0.055} + \frac{5}{1.055^2} + \frac{5}{1.055^3} + \frac{5+100}{1.055^4} = 4.74 + 4.49 + 4.26 + 84.76 = 98.25$$

となり,実際の価格99万円よりも低くなる。これは複利最終利回りが5.5%では大きいことを意味する。つまり,真の複利最終利回りは5%と5.5%の間にあることを意味する。

③ さらに別の割引率を代入し,理論価格を算出する。例えば,割引率を5.25%とすると,

$$P_0 = \frac{5}{1+0.0525} + \frac{5}{1.0525^2} + \frac{5}{1.0525^3} + \frac{5+100}{1.0525^4} = 4.75 + 4.51 + 4.29 + 85.57 = 99.12$$

となり,実際の価格99万円よりも高くなる。これは複利最終利回りが

5.25% では大きいことを意味する。つまり，真の複利最終利回りは 5.25%
と 5.5% の間にあることを意味する。

④算出される債券価格が実際の価格 99 万円となるまでこれを繰り返す。
　この時の割引率が求めたい複利最終利回りである。

上記の例題の場合，複利最終利回りは約 5.28% と求められる。

複利最終利回りを求めてみよう

　コンピュータに表計算ソフトがインストールされていれば，関数を用
いてこれらの反復計算を自動的に行い，解を求めることができる。
Microsoft 社の Excel を用いる場合，YIELD 関数や IRR 関数を用いる。
YIELD 関数の引数は以下の通りである。

YIELD（受渡日，満期日，利率，現在価格，償還価額，頻度，基準）

ここで，受渡日（購入日）と満期日は日付，利率にはクーポン・レート，
現在価格と償還価額には額面 100 に対する価格を，頻度には年間の利払
い回数を代入する。基準は日数計算の方法が入る。日数計算の方法には
国や地域で異なるルールが採用されている。代表的なものは以下の 5 つ
である。

30 日 /360 日（米国方式）
実際の日数 / 実際の日数
実際の日数 /360 日
実際の日数 /365 日
30 日 /360 日（欧州方式）

YIELD 関数では 0 〜 4 の数字を入れることで，上記の順で基準を選択

する。先の例題6をYIELD関数で解いてみよう。日付には2001/1/1
と2005/12/31を，基準には1(実際の日数/実際の日数)を代入する。

YIELD（DATE(2001/1/1)，DATE(2005/12/31)，0.05，990000，
1000000，1，1)

日付を直接YIELD関数の引数に用いるには，このようにDATE関数
で変換する必要がある。実際には日付を別のセルに入力し，セル参照を
した方が良いだろう。答えとして，0.05284，およそ5.28%と解が得られ
る。

また，IRR関数の引数は以下の通りである。
IRR（セル範囲）

セル範囲の順番は，初期投資額，1年目の収益，2年目の収益，…とし，
初期投資額はマイナスの値とする。上記の例題に相当する数値をセル
A1からA5まで（-99，5，5，5，105）と入力し，これらのセルを参照
して
IRR（A1：A5）

とすると，同じく5.28%と求められる。IRR関数は一連のキャッシュ・
フローに対する内部収益率（第12章参照）を求める関数であるが，単
純な設定の場合には複利最終利回りを求める際にも利用できる。

割引債の場合

　割引債の場合は，数値を（3-12）式に代入し，rについて求めること
になる。利付債と同じように試行錯誤的に求める方法でも良いが，べき
乗を計算できる電卓（アプリ）であれば，比較的簡単に求めることがで
きる。

例題 7　額面が 100 万円，償還までの期間が 2 年の割引債の市場価格が 97 万円であった。この割引債の複利最終利回りは何パーセントになるか。ただし，小数点第 2 位までを四捨五入で求めよ。

割引債の複利最終利回りは（3-12）式に与えられた条件を代入して，

$$97 = \frac{100}{(1+r)^2}$$

を r について解けばよいので，

$$(1+r)^2 = \frac{100}{97}$$

より，

$$1+r = \sqrt{\frac{100}{97}}$$

よって，

$$r = 0.015346$$

となり，r = 1.53% となる。

58

学習課題

(1) A社の1株当たりの配当額は50円であるとする。A社の株式への
割引率が7%であったとすると，A社の株価はいくらになるか。

(2) A社の配当額50円が今後毎年3%ずつ成長すると予想される場合，
A社株価はいくらになるだろうか。ただし割引率は7%のままとする。

(3) 額面100万円につきクーポン・レート5%で毎年1回利子支払い，
満期10年のある債券を考える。割引率が3%のとき，この債券の市
場価格はいくらだろうか。

(4) 額面100万円，償還までの期間5年，割引率4%の割引債の市場価
格はいくらだろうか。

(5) 額面100万円，償還までの期間4年の割引債の市場価格は95万円
だった。この割引債の複利最終利回りは何パーセントか。

参考文献

久保田敬一『決定版コーポレートファイナンス』東洋経済新報社，2006年
仁科一彦『現代ファイナンス理論入門〈第2版〉』中央経済社，2004年
古川浩一／蜂谷豊彦／中里宗敬／今井潤一著『コーポレート・ファイナンスの考え
方』中央経済社，2013年
ツヴィ・ボディ，ロバート・C・マートン著，大前恵一朗訳『現代ファイナンス論』
ピアソン，1999年

4 | リターンとリスク

阿部圭司

《**学習のポイント**》将来，どのような出来事が起こるかは不確実である。その結果，経済的な不利益が生じることもあり，これをリスクという。本章では一般的なリスクを定義すると同時に，ファイナンスで扱うリスクの特徴について説明する。本章ではリスクとその報酬たるリターンの関係と計測方法について学び，無差別曲線によるリスク資産の選択を考察する。
《**キーワード**》リスク，リターン，保険，期待値（平均値），分散・標準偏差，無差別曲線

1. リスクとは何か

　リスク（risk）という言葉を辞書で引くと，予測できない危険，保険で損害を受ける可能性と書かれていることが多い。

　一般的にリスクとは，将来の不確実な事象の発生から生じる，経済的損失と定義できる。例えば，地震の発生で，工場に被害が出ることを考えてみよう。地震の発生は現在でも予知は難しく，将来の不確実な出来事である。工場に被害が出れば，工場の再建やその間の売り上げ減少などの経済的損失が発生する。これがリスクである。しかし，工場の建設に際して，耐震設計が十分になされていれば，被害は出ないかもしれない。被害が出たとしても，地震保険に加入していれば，工場の再建に関しては費用が賄えるだろう。あるいは地震デリバティブなどの商品を購入していれば，再建期間中の売り上げ減少に対してもある程度の補てん

が可能かもしれない。繰り返すが，リスクとは不確実性の発生により経済的損失が生じることを指す。しかし，その一方で私たちは，リスクによる経済的損失の補償，あるいは回避する手段として，予測（と準備），保険などを用いることもできる。

(1) リスクの種類

　ここで，私たちの身の回りにあるリスクについて考えてみよう。生活上のリスクとしては，病気やケガ，死亡によるリスクがまず一番に浮かぶことだろう。病気やケガの治療にコストがかかる他に，治療の期間中，収入が減少するといった経済的損失が存在する。生命保険や医療保険，傷害保険がこれらへの対応策である。購入した住宅や家財，あるいは自家用車など，いわゆる耐久消費財は比較的高価で，災害や事故で壊れた場合，修理・修繕に高いコストがかかるだろう。火災保険，地震保険，自動車保険など，いわゆる損害保険により費用を補てんすることができる。また，勤めていた会社が倒産し，失業した場合，次の仕事が決まるまで収入が減少する，あるいは得られないといったリスクが存在する。それまでの貯蓄や雇用保険により経済的損失は一部カバーされる。今挙げた例や先の地震による工場被災の例などは，不確実な事象が発生すれば経済的損失が避けられないタイプのリスクであり，純粋リスク（Pure Risk）と呼ばれている。保険はこの純粋リスクに対応する仕組みである。

　一方，企業は製品や原材料の価格変動に関してリスクに直面している。原材料価格が高騰し，これを製品価格に転嫁できない場合，利益を圧迫することになるだろう。しかし，逆に原材料価格が下落することで，利益が増加する可能性もある。

　また，企業，家計に関わらず，保有する資産の価格変動はリスクであろう。資産価格が下落すれば，購入価格よりも低い価格で売却しなけれ

ばならず，損失が生じてしまうだろう。しかし，これらの価格変動リスクは経済的損失が生じる場合もあれば，逆に利益を獲得できる場合も存在する。このように，不確実な事象が発生した場合，経済的損失と利益のどちらにも可能性があるタイプのリスクを投機的リスク（Speculative Risk）と呼んでいる。投機的リスクは価格変動リスク以外にも，金利リ

表4-1：投機的リスクの例

リスクの分類	内容
金利リスク	市中金利の変動により債券価格や借り入れ金利が変化するリスク
為替リスク	外貨建ての取引において，為替レートの変動により損益が生じるリスク
信用リスク	負債における金利の支払いや元本の償還が遅れたり，不可能となるリスク。デフォルトリスクとも呼ばれる。
流動性リスク	資産は売却したい際に買い手がつかない。逆に購入したい際に売り手が現れない，値が付かないというリスク

スク，為替リスク，信用リスク，流動性リスクなどがある。これらについては表4-1で簡単に説明している。

　ファイナンスではこの投機的リスクを主に扱う。ファイナンスにおけるさまざまな理論やモデルは，リスクを把握し，コントロールしようとする人々の願いから生まれているといえるだろう。以下ではリスクと，それに対する報酬でもあるリターンについて考察する。

2. リスクとリターン

(1) リスクとリターンの関係

　リターン（return）という言葉を辞書で引くと，戻ること，折り返すこと，テニスなどでボールを打ち返すこと，とあり，次に「利益，もう

け，利益率」とある。

　ここではリターンとは，投資額に対する収益，あるいは損失の割合を示したものと定義する。

　例えば，今日，ある株式を400円で購入して，1年後に500円で売却したとしよう（配当はないものとする）。このときのリターンは，

$$\frac{投資収益ないし損失額}{投資額} = \frac{500-400}{400} = 0.25$$

となり，0.25，すなわち25％ということになる。

　ファイナンスではリターンを利益（額）ではなく利益率を用いることが多い。なぜなら，同じ100円の利益でも，100円が200円になった場合（100％）と，1万円が1万100円になった場合（1％）では，その収益性がまったく異なるからである。

　上記の例ではプラスのリターンであったが，もちろんマイナスのリターンも起こりうる。価格変動リスクは実際の資産価格の変化を用いるより，資産からのリターンがどれくらい変動するかを観察することにより評価する。リターンの取りうる範囲が大きい資産を，リスクが高いとし，逆に取りうる範囲が小さい資産を，リスクが低いとする。

　具体的な資産でリスクとリターンの関係を確認する。図4-1は1987年から2020年まで，それぞれ年末時点での10年国債の利回りとTOPIX（東証株価指数）を前年末に購入し，年末に売却した場合の収益率を示したものである。図からもわかるように，国債は0％台から6％の間を推移しており，ほぼマイナスの収益率になることはないが，TOPIXの収益率は50％を超えるような高いプラスとなる年もあれば，マイナス40％にまで届くような下落をする年もあるように，ふれ幅が大きいことが特徴である。図の34年間ではプラスが19回，マイナスが15回となっている。国債は国が元利金の支払いを保証しているので，

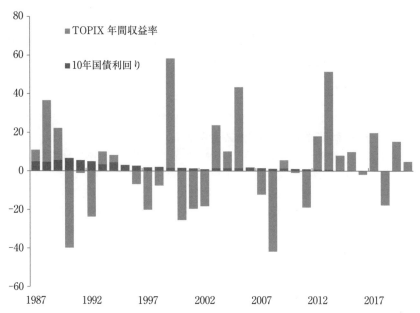

図 4−1　資産別のリターンの様子
出典：国債利回りは財務省ホームページ，TOPIX の数値は Yahoo! ファイナンスより取得し，著者作成。

かなりリスクの低い資産である。国債のようにリスクが比較的小さい，あるいはほとんどないとみなしても構わない資産を安全資産，または無リスク資産と呼ぶ[1]。一方，TOPIX，すなわち株式はリスクの大きい資産といえるだろう。安全資産とは対照的に，リスクのある資産を危険資産，またはリスク資産と呼ぶ。

　具体的な資産のリターンの様子からも確認できるように，リスクとリターンの間にはトレードオフの関係，すなわち，ハイリスク・ハイリターン，ローリスク・ローリターンの関係が存在する。高いリターンを得たいのなら，高いリスクを覚悟しなくてはならないし，リスクを嫌うので

1）この安全資産，無リスク資産からの収益率は安全利子率，無リスク金利，リスクフリーレートなどと呼ばれている。

あれば，低いリターンに甘んじなければならない。ローリスク・ハイリターンという資産は市場では存在しない。仮にあったとしても，投資家がこれを直ちに購入し，その結果価格が上昇することで，ハイリターンとなる余地が消滅するからである。

マイナス金利政策・マイナス金利とは

　マイナス金利政策とは，民間の金融機関が中央銀行（日本で日本銀行）に資金を預け入れする際の預金金利（名目金利）をマイナスにすることをいう。預金者が金利を支払う形となるため，これを避ける形で金融機関が資金を企業への貸し出しや投資に向けるように促す効果があるといわれている。2016年1月に日本銀行がマイナス金利政策を導入し，これ以降，欧州中央銀行（ECB），デンマーク，スウェーデン，スイスなどでも導入されている。

　一方，債券のマイナス金利は，将来の償還時に受け取る額よりも現在の購入価格が高くなる状態を意味する。景気の先行き不安から運用資金の行き先として安全な国債が選択され，人気が高まることでこのような現象が生じる。日本では2016年2月に日銀のマイナス金利政策の影響もあり，国債に資金が集まることで長期金利が初めてマイナスを記録している。日本国債以外にも，2019年にはドイツ，フランス，スイス，ベルギーなどでも国債金利のマイナスが記録されている。

---

(2) リスクとリターンの計測

　現実の市場ではリターンは事後に観察されるものと，将来のリターンの2つが考えられる。われわれの関心事は将来のリターンがどうなるか，であろう。将来の価格がどの水準となるかは不確実なので，将来のリターンは期待値の形をとる。また，実現値が期待値に対して変動している様子をリスクととらえれば，リスクは分散ないし標準偏差で測ることができる。

(3) 期待値と平均値

期待値とは，ある事象が生じた結果と，その事象が生じる確率を掛けた総和で示される値である。ある事象 $a_i (i = 1, 2, \cdots, n)$ が生じる確率を p_i とし，これを確率変数 A とする。このとき，A の期待値 E(A) は，

$$E(A) = p_1 a_1 + p_2 a_2 + \cdots + p_n a_n = \sum_{i=1}^{n} p_i a_i \qquad (4-1)$$

となる。Σは総和を表す演算子である。実際には将来起こりうるすべての事象を区別し，それが生じる確率を見積もることは難しい。そこで，一般的にわれわれは将来起こりうる事象はすでに過去にも生じているとみなし，過去のデータの期待値，すなわち平均値を利用することにする。$a_i \ (i = 1, 2, \cdots, n)$ の平均値 $\overline{a}$ は

$$\overline{a} = \frac{1}{n}(a_1 + a_1 + \cdots + a_n) = \frac{1}{n}\sum_{i=1}^{n} a_i \qquad (4-2)$$

となる。

(4) 分散

分散（Variance）とは確率変数が期待値からどれだけ離れているかを示す値である。ある事象 $a_i (i = 1, 2, \cdots, n)$ が生じる確率を p_i とした確率変数 A とし，期待値を E(A) としたとき，分散 V(A) は，

$$V(A) = p_1 \{a_1 - E(A)\}^2 + p_2 \{a_2 - E(A)\}^2 +$$

$$\cdots + p_n \{a_n - E(A)\}^2 = \sum_{i=1}^{n} p_i \{a_i - E(A)\}^2 \qquad (4-3)$$

となる。

期待値からの距離を偏差と呼ぶが，式から，分散は偏差の 2 乗に対して

期待値を取ったものと理解することができる。一方，平均値$\overline{a}$を用いると，分散σ^2は

$$\sigma^2 = \frac{1}{n}\{(a_1 - \overline{a})^2 + (a_2 - \overline{a})^2 + \cdots + (a_n - \overline{a})^2\} =$$
$$\frac{1}{n}\sum_{i=1}^{n}(a_i - \overline{a})^2 \tag{4-4}$$

となる。

(5) 標準偏差

　分散は2乗値であるため，元の単位でその大きさを比較することができない。そこで，分散の平方根を取り，元の単位に戻したものを用いることがある。これが標準偏差(Standard Deviation)である。したがって，分散をσ^2とすると，標準偏差σは，

$$\sigma = \sqrt{\sigma^2} \tag{4-5}$$

で与えられる。

分散はなぜ2乗しなければならないのか

　分散はなぜ偏差を2乗しなければならないのか。ばらつきを偏差で定義するのなら，偏差の期待値（平均値）で十分だと思うこともあるだろう。これは，偏差の総和がゼロになるため，期待値（平均値）もゼロとなり，ばらつきの傾向を示すことができないため，すべての偏差を正にするために偏差を2乗する，という工夫が必要になっているのである。偏差の和がゼロになることを示そう。$a_1, a_2, \cdots, a_n$の平均値を$\overline{a}$とすると，偏差の和は，

$$(a_1 - \overline{a}) + (a_2 - \overline{a}) + \cdots + (a_n - \overline{a}) = a_1 + a_2 + \cdots + a_n - n \times \overline{a}$$
$$= a_1 + a_2 + \cdots + a_n - n \times \frac{a_1 + a_2 + \cdots + a_n}{n} = 0$$

とゼロになることが示された。

数値例を通じて，平均値，分散，標準偏差の計算に慣れておこう。

例題1　4月末から9月末にかけて，A社，B社の株価（終値）が，以下の表のような推移であったとする。このとき，A，B両社の株価の平均値と分散,標準偏差はそれぞれいくつになるだろうか。ただし，小数点第1位までを四捨五入で求めよ。

	4月末	5月末	6月末	7月末	8月末	9月末
A社株	100	80	90	100	90	110
B社株	200	220	210	190	200	210

単位：円

まず，初めに平均値を求める。A社，B社の平均をそれぞれ $\overline{A}$，$\overline{B}$ とすると，（4-2）式に与えられた条件を代入して，

$$\overline{A} = \frac{1}{6}(100 + 80 + 90 + 100 + 90 + 110) = 95$$

$$\overline{B} = \frac{1}{6}(200 + 220 + 210 + 190 + 200 + 210) = 205$$

となる。次に（4-4）式を用いて分散を求める。A社，B社の分散をそれぞれ σ_A^2，σ_B^2 とすると，

$$\sigma_A^2 = \frac{1}{6}\{(100-95)^2 + (80-95)^2 + (90-95)^2 + (100-95)^2 + (90-95)^2 + (110-95)^2\} = \frac{1}{6}(25 + 225 + 25 + 25 + 25 + 225) = 91.67$$

$$\sigma_B^2 = \frac{1}{6}\{(200-205)^2 + (220-205)^2 + (210-205)^2 + (190-205)^2 + (200-205)^2 + (210-205)^2\} = \frac{1}{6}(25 + 225 + 25 + 225 + 25 + 225) = 91.67$$

よって，共に91.7

68

と同じ分散となった。したがって、A 社、B 社の標準偏差σ_A、σ_Bも、

$$\sigma_A = \sigma_B = \sqrt{91.67} = 9.57 \qquad よって 9.6$$

と同じとなる。平均値では倍以上異なるが、価格のばらつきを表す標準偏差は同じ水準となった。

　ここでは株価の水準そのものを用いて平均値、分散、標準偏差を求めたが、4-2節で学んだように、同じ20円の変化でも元の価格が100円と200円では変化のインパクトは異なるため、価格を観察したのでは正しく評価を下すことができない。水準の異なる複数の資産を比較するには、価格そのものではなく、収益率（リターン）で評価すべきである。そこで、A 社、B 社の株式の月ごとのリターン（月次収益率）を求め、これを元にリターンの平均と分散、標準偏差を求めてみよう。

例題2　5月末から9月末にかけての A 社、B 社の株価（終値）を元にリターン（月次収益率）を求めた結果が以下の表でまとめられている。このとき、A, B 両社のリターンの平均値と分散、標準偏差を求めると、それぞれいくつになるだろうか。ただし、小数点第1位までを四捨五入で求めよ。

	5月末	6月末	7月末	8月末	9月末
A 社株	−20.0	12.5	11.1	−10.0	22.2
B 社株	10.00	−4.5	−9.5	5.3	5.0

単位：パーセント

　収益率の計算は例えば6月末であれば、5月の終値から6月の終値にかけての変化率として求めた。A 社、B 社株の数値で示せば、

$$\gamma_A = \frac{90 - 80}{80} = 0.125 \quad 12.5\%$$

$$\gamma_B = \frac{210-220}{220} = -0.0454 \qquad -4.5\%$$

となる。(4-2) 式を用いて平均値を求めると，A 社，B 社の収益率の平均値 $\overline{r_A}$，$\overline{r_B}$ は

$$\overline{\gamma_A} = \frac{1}{5}(-20.0+12.5+11.1-10.0+22.2) = 3.16\%$$

よって 3.2%

$$\overline{\gamma_B} = \frac{1}{5}(10.0-4.5-9.5+5.3+5.0) = 1.26\% \text{ よって 1.3\%}$$

となる。また，分散 σ_A^2，σ_B^2 は

$$\sigma_A^2 = \frac{1}{5}\{(-20.0-3.16)^2+(12.5-3.16)^2+(11.1-3.16)^2+$$
$$(-10.0-3.16)^2+(22.2-3.16)^2\} = 244.47 \text{ よって 244.5}$$

$$\sigma_B^2 = \frac{1}{5}\{(10.0-1.26)^2+(-4.5-1.26)^2+(9.5-1.26)^2+$$
$$(5.3-1.26)^2+(5.0-1.26)^2\} = 51.13 \text{ よって 51.1}$$

となることから，標準偏差 σ_A，σ_B は

$$\sigma_A = \sqrt{244.47} = 15.6$$
$$\sigma_B = \sqrt{51.13} = 7.2$$

となる。先の例とは逆に，リターンの平均値，標準偏差共に A 社株の方が高く，B 社と比較すると，いわゆるハイリスク・ハイリターンの形となっていることが分かる。

3. リスク資産の選択

価格変動リスクのある資産に対して，リスク（分散あるいは標準偏差）

とリターン（期待値あるいは平均値）という評価尺度を導入したが，これらを用いて私たちはどの資産を選択すべきなのだろうか。リスクは経済的損失を生みだしかねない要因なので，私たちはこれを回避したいと考えるのが一般的である。一方で，私たちはできることなら，より多くのリターンを得たいと考えている。このような態度を取る投資家をリスク回避的投資家という。

　このリスク回避的投資家がどの資産を選択すべきか，という問題は，ある資産を保有することから，どれくらいの満足度が得られるか，を測ることで決定できる。経済学ではこの満足度を効用といい，効用を測る道具として効用関数がある。リスク回避的投資家の効用関数の特徴は，以下のような点があると考えられる。

1. 人はより多い富（リターン）により効用は高まる
2. 富の1単位の増加に対する効用の増加（限界効用）は富の総量が増えるにつれ，徐々に小さくなる
3. 人は期待効用を最大化したいと考えている

　1や3はすぐに理解できるだろう。2は限界効用逓減の法則とも呼ばれている。これを説明する例として，1杯目のビールはなぜ美味しいのか，という話がある。仕事の後や風呂上がりに飲む1杯目のビールは，ビールが苦手な人でも美味しく感じる，ということを聞いたことはあるだろう。しかし，1杯目のビールに比べると，2杯目，3杯目と続けてビールを飲むことからの満足度は下がってしまう。一般的にこのような現象は多くの消費で見られる。
　このような特徴を有する効用関数として，横軸に富，縦軸に効用を取っ

たとき，図4-2から図4-4のような上に向かって凸になるような形状が考えられる。この形が適切であることを3つのケースで示すことにしよう。

①　確実値と期待値が同じ場合

確実に400円受け取れる権利と，これと同額の期待値となるくじ（ここでは少ない額100円と多い額700円の2つとし，50%の確率で生じるとする）から得られる効用を図4-2から検討する。確実に400円受け取れる権利から得られる効用は，富の額から垂直に線を伸ばし，効用関数と交わる点の水準，すなわち20と読み取れる。一方，同額の期待値から得られる効用は，それぞれの実現値で得られる効用の平均となる。100円からの得られる効用は図から10，一方円から得られる効用を図からおおよそ26と見積もると，効用の平均は18となる（これは両点を結

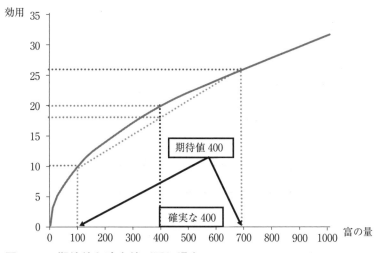

図4-2　期待値と確実値が同じ場合

んだ線の中点の高さに相当する水準でもある），図からも期待値と確実
な値が同じ場合，確実な値の方が効用は高い。結果が同じであれば，確
実な（＝リスクの無い）方が望ましい。これは我々が一般的に抱く考え
と一致している。

②　期待値が同じでリスクが異なる場合

　図4-3のような2つの選択肢を考える。1つは100円か1000円が得
られるくじ，もう1つは300円か800円が得られるくじである。共に確
率が50％であれば，期待値は同じ550円となるが，ばらつき，すなわ
ちリスクの大きさが異なる場合はどうであろうか。

　100円から得られる効用は①と同じく10，一方円から得られる効用は
図からおおよそ31と読み取るとすれば，期待効用は20.5となる。また，
図から300円から得られる効用を17，一方円から得られる効用を28と

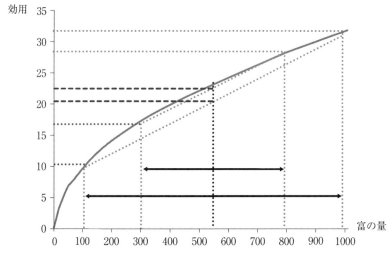

図4-3　期待値が同じでリスクが異なる場合

見積もると，期待効用は 22.5 となり，期待値が同じでリスクが異なる場合，リスクの小さい選択肢の方が得られる効用は大きくなる。これも我々が一般的に抱く考え方と一致する。

③　リスクが同じで期待値が異なる場合

　最後に，図4-4のような2つの選択肢を考えよう。1つは 100 円か 500 円が得られるくじ，もう1つは 500 円か 900 円が得られるくじである。確率を 50% とすれば，期待値はそれぞれ 300 円，700 円と異なるが，期待値からのばらつきは同じである。

　この場合も 100 円から得られる効用は 10，一方 500 円から得られる効用を図から 22 と読み取るとすれば，300 円の期待値のくじから得られる期待効用は 16 となる。また，900 円から得られる効用を 30 と見積もれば，期待値 700 円のくじから得られる期待効用は 26 となり，期待

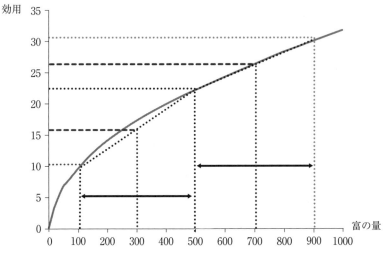

図4-4　リスクが同じで期待値が異なる場合

値の大きな選択肢の方が得られる効用は大きくなることが分かる。

ここまでの考察で分かったことをまとめると，

● 確実な値と期待値が同じなら，確実な値が選択される

● 期待値が同じなら，リスクの小さい方が選択される

● リスクが同じなら，期待値の大きい方が選択される

となる。きわめて当たり前のことと思われるが，これが一般に多くの人が当てはまるリスク回避的投資家の行動であり，上に向かって凸形状の効用関数がリスク回避的投資家の効用関数としてふさわしいことが理解できたであろう。

■効用関数から無差別曲線へ

これまでの考察で得られた形状の効用関数を U(x) とし，扱いやすくするために，期待値 m の近くでテイラー展開[2] を試み，3 次以降の項を無視し，両辺の期待値を取ると，

$$E[U(x)] = U(m) + \frac{1}{2}U''(m)Var(x) \qquad (4-6)$$

となる。つまり，投資家の満足度を示す期待効用は，

1. 富の期待値，すなわちリターンと分散，すなわちリスクの関数である

2. 効用はリターンが多いほど大きくなる

---

2) 無限に微分可能な関数 f(x) について，

$$f(x) = f(a) + f'(a)(x-a) + \frac{1}{2!}f''(a)(x-a)^2 + \cdots \frac{1}{n!}f^{(n)}(a)(x-a)^n + \cdots$$
$$= \sum_{n=0}^{\infty}\frac{1}{n!}f^{(n)}(a)(x-a)^n$$

のように多項式で表現（近似）することを f(x) の x=a の周りのテイラー展開という。(4-6) 式は期待値 m の周りでテイラー展開をし，さらに期待値を取っている。f'(a)(x-a) の項が消えているのは，コラムで説明したように，偏差の期待値（平均値）はゼロになるからである。

3. 効用は投資家が危険回避的（U"(m)＜0：2階微分が負）で
あるならば，リスクが大きいほど小さくなる

ということが分かる。つまり，これまでリスク資産を評価する物差しと
して導入した，リターン（期待値，平均値）とリスク（分散，標準偏差）
により資産選択時の物差しとなる効用関数を表現できることが示され
た，ということになる。

　効用関数がリターンとリスクの関数で近似できた，ということと，効
用関数の2階微分が負になることを考慮して，効用関数を以下の式で書
き換えてみる[3]。

$$u(m, \sigma) = m - \frac{1}{2}\lambda\sigma^2 \qquad (4-7)$$

λ は絶対危険回避度と呼ばれる尺度である。式から，m が大きくなる
ほど，効用が大きくなり，σ と λ が大きいほど，効用が小さくなること
を意味する。ここで λ を定数とし，効用 u が一定の値になるような，
m と σ の組み合わせを考える。横軸リスクに σ，縦軸にリターン m を
取り，m と σ の組み合わせをプロットしたものが図4-5である。

　図中の曲線は，効用 u の水準を4通り（3，7，10，15）とし，リス
ク σ を0から5まで変化させたときのリターン m を4-7式から求め，
同じ効用を持つリターンとリスクの組を線で結んでいる。この曲線を無
差別曲線と呼ぶ。それぞれの曲線は同じ効用をもたらすことから，同じ
曲線上の組み合わせは無差別であるという。

　図4-5では4本しか描かれていないが，無差別曲線は無数に存在する。
無差別曲線は，同じ効用のみを結んだ関係であるので，異なる無差別曲
線同士が交わることはない。さらに，左上に位置する無差別曲線ほど効
用が高いことを示しているため，表4-2のような効用の大小関係が成

3）リスク回避的投資家の効用を表す効用関数には様々な提案がなされているが，
ここで示したものは平均分散型効用関数と呼ばれているものである。

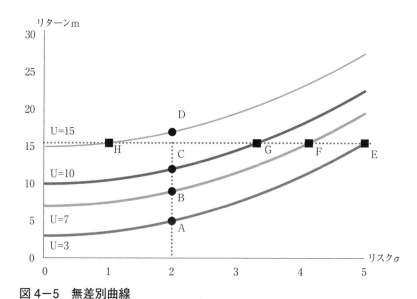

図4－5　無差別曲線

立していることが分かる。また，図4－5では$\lambda = 1$として無差別曲線
を描いているが，λの値が大きくなるにつれ，無差別曲線の傾きは急に
なる。

表4－2：効用の大小関係

D＞C＞B＞A	H＞G＞F＞E
D＝H＞C＝G＞B＝F＞A＝E	

学習課題

(1) あなたが南の島でダイビングを目的とした旅行に出かけたとする。この旅行に際してどのようなリスクが存在し，対応策としてどのような手段があるか考えてみよ。

(2) ある会社の株式の収益率がそれぞれ同じ確率で−20％，−10％，15％，40％になるとの予測が得られた。このとき，この株式からの収益率の期待値と標準偏差を求めよ。

(3) C社株の過去半年間の月次リターン（変化率）が以下の表のように観察されていたとする。

期間 t	−5	−4	−3	−2	−1	0
リターン	15％	−5％	−12％	18％	9％	20％

このとき，月次リターンの平均値とリスク（標準偏差）を求めよ。

(4) 図4−5について，λの値を1より大きくした場合の無差別曲線を求め，無差別曲線の傾きがより急になることを確認せよ。

参考文献

葛山康典『企業財務のための金融工学』朝倉書店，2003年

仁科一彦『現代ファイナンス理論入門〈第2版〉』中央経済社，2004年

古川浩一／蜂谷豊彦／中里宗敬／今井潤一著『コーポレート・ファイナンスの考え方』中央経済社，2013年

ツヴィ・ボディ，ロバート・C・マートン著，大前恵一朗訳『現代ファイナンス論』ピアソン，1999年

5 | ポートフォリオのリターンとリスク

阿部圭司

《**学習のポイント**》複数の資産からなる資産全体をポートフォリオと呼ぶ。ポートフォリオへ分散投資することによりポートフォリオ全体のリスクを減少させることができることが知られている。本章ではこのポートフォリオのリターンとリスクの持つ性質について学び，最適なポートフォリオ選択とは何かを考える。
《**キーワード**》ポートフォリオ，分散投資，共分散・相関係数，ポートフォリオのリターンとリスク，投資機会集合，有効フロンティア

1. ポートフォリオとは

　ポートフォリオとは，複数の資産へ分散投資したときの資産全体の状態を指す。もともとは紙挟み，折り鞄の意味があり，複数の書類をまとめて持ち運ぶカバンを意味している。デザイナーや写真家，建築家などが自身の作品をまとめたものをポートフォリオと呼ぶこともある。

　ファイナンスの分野では，保有する有価証券のリストをこの紙挟みに挟んで管理，あるいは持ち運びしていたことからこう呼ばれるようになったといわれる。通常，私たちは1つの資産のみに資金を投入することはなく，複数の資産に分散して保有している。個別の資産に加えて，このポートフォリオの状態で資産がどのような振舞をするかを理解することも大切である。

　ポートフォリオを構成する資産には安全資産と危険資産が考えられる

が，ここではまず，複数の危険資産のみから構成されるポートフォリオについて考察する。

(1) リスク回避の手段としての分散投資

　ポートフォリオ，すなわち分散投資の最大のメリットはリスク低減効果である。例えば，日本酒の醸造会社，コーヒー飲料会社の2社を考えてみよう。昨今の日本食ブームを受けて，日本酒の海外輸出が盛んであるとする。一方，コーヒー飲料の会社では，日本国内ではコーヒー豆の生産量は少ないため，原料のほとんどを輸入に頼ることとする。

　加えて両社とも販売数に変化はなく，また製品価格による調整を行わないものとする。唯一，為替レートの変動により売上高，利益が変動し，これに連動して株価も上下すると仮定しよう。

　円高になれば，日本酒の醸造会社が輸出から得る売上が減少し，利益が減少する結果，株価が下落する。一方，コーヒー飲料会社は輸入するコーヒー豆が安価で入手できることになり，この結果利益は増加し，株価は上昇する。

　逆に円安になれば日本酒の醸造会社が輸出から得る売上が増加し，利益が増加する結果，株価は上昇，コーヒー飲料会社は輸入するコーヒー豆のコストがかさみ，利益が悪化，株価は下落するだろう。

　図5-1は投資開始時点では共に1株75円，2株で150円の価値であるが，時間t=0からt=3までは円高が単調に進行し，その後，t=6まで円安に転じ，最後はt=0の頃の水準に為替レートが変動したと仮定して，為替の変化に応じて利益が変動し，それが両社の株価に反映しているというイメージを示したものである。図にはそれぞれの株式を2株保有した場合の推移と2社の株式をそれぞれ1株ずつ保有した場合の推移を示している。

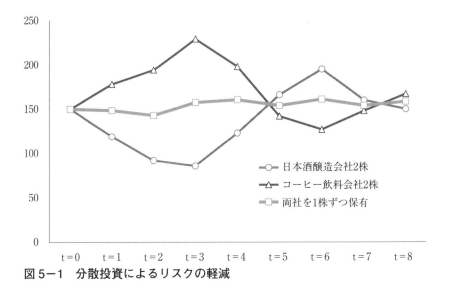

図5－1　分散投資によるリスクの軽減

　コーヒー飲料会社の株価は t=3 にかけて上昇，その後，円安の影響で株価が下落する，という変動に，日本酒の醸造会社はそれとは逆に t=3 にかけて下落し，その後，売上の増加に伴い株価が回復する，という動きを示している。

　それぞれの株式どちらかのみに投資していた場合，図のように各社の株価の変動，すなわちリスクは大きいが，2 社の株式を保有していれば，全体としては損益には変化がなくなることがわかる。これが分散投資によるリスク減少の効果である。

2.　数学的準備

　ポートフォリオは2つ以上の資産の組み合わせである。ポートフォリオのリターンとリスクを導出するに当たって，ここで2変量のデータに

関する指標について数学的準備をしておこう。

(1) 共分散

　共分散とは2つの変数において，それぞれの期待値からの散らばり具合を同時に示した統計量である。変数 A，B の平均をそれぞれ $\overline{a}$，$\overline{b}$，A と B の共分散を $\sigma_{A,B}$ とすると，

$$\sigma_{A,B} = \frac{1}{n}\sum_{i=1}^{n}(a_i - \overline{a})(b_i - \overline{b}) \tag{5-1}$$

となる。

　A が増加すると，B も増加するような関係のとき，共分散は正の値となる。逆に A が増加する一方で，B は減少するような関係のときは，共分散は負の値となる。共分散がゼロのときは，2つの変数には関連性がないとされる。

(2) 相関係数

　相関係数とは共分散と同様に2つの変数の関連性を測る指標である。相関係数 $\rho_{A,B}$ は共分散 $\sigma_{A,B}$ とそれぞれの標準偏差 σ_A，σ_B を用いて，

$$\rho_{A,B} = \frac{\sigma_{A,B}}{\sigma_A \sigma_B} \tag{5-2}$$

と示すことができる。共分散がデータの単位によりさまざまな値をとるのに対し，相関係数は−1から+1までの値しか取らないので，比較，解釈が容易という特長がある。

　図5-2にいくつかの相関係数の例を示す。相関係数が正の値のときは2つの変数は同じ傾向に，負の値のときは逆の傾向を持つのは共分散と同様である。相関係数が+1，−1のとき，それぞれ正，負の完全相関といい，変化の仕方は完全に一致している。また，相関係数がゼロの

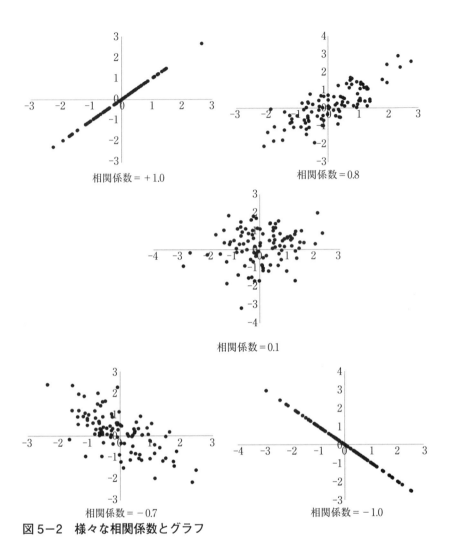

相関係数 = +1.0

相関係数 = 0.8

相関係数 = 0.1

相関係数 = −0.7

相関係数 = −1.0

図5−2　様々な相関係数とグラフ

ときは無相関といい，2つの変数には関連性がないとされる。

共分散，相関係数の計算に慣れるため，次の例題を考えてみよう。

例題1　A社，B社の株式のリターン（変化率）の平均値と標準偏差を以下の表のように求めた。これら株式リターンの共分散，相関係数を求めよ。

	5月末	6月末	7月末	8月末	9月末
A社株	−20.0	12.5	11.1	−10.0	22.2
B社株	10.0	−4.5	−9.5	5.3	5.0

単位：パーセント

	平均値	標準偏差
A社株	3.16	15.6
B社株	1.26	7.2

単位：パーセント

(5-1) 式に従って共分散 $\sigma_{A,B}$ を求めると，

$$\sigma_{A,B} = \frac{1}{5}\{(-20.0-3.16)(10.0-1.26)+(12.5-3.16)$$
$$(-4.5-1.26)+(11.1-3.16)(-9.5-1.26)+$$
$$(-10.0-3.16)(5.3-1.26)+(22.2-3.16)$$
$$(5.0-1.26)\} = -64.72$$

となる。次に共分散をそれぞれの標準偏差で割ることにより，相関係数を求める。(5-2) 式に従って計算すると，相関係数 $\rho_{A,B}$ は，

$$\rho_{A,B} = \frac{-64.72}{15.6\cdot 7.2} = -0.58$$

となる。

3. ポートフォリオのリターンとリスク

(1) 2資産ポートフォリオのリターンとリスク

　ポートフォリオとは，複数の資産へ分散投資した状態を指していた。ここでは最も単純な2資産からなるポートフォリオを対象に，リターンとリスクがどのように求められるかを考察する。

　2つの資産A，Bのリターンがそれぞれ，r_A，r_Bと与えられるとき，この2資産へ投資を行うポートフォリオのリターンr_pは，それぞれへの投資比率をX_A，X_Bとして，

$$r_p = X_A r_A + X_B r_B \tag{5-3}$$

となる。ここで投資比率に関して，各資産は無限に分割可能で，非負の値を取ると仮定している。また，X_AとX_Bは投資比率であるから，$X_A + X_B = 1$である。

　ポートフォリオのリスク（分散）σ_P^2は，資産A，Bそれぞれのリスク（標準偏差）をσ_A，σ_B，相関係数を$\rho_{A.B}$とすると，

$$\sigma_P^2 = X_A^2 \sigma_A^2 + X_B^2 \sigma_B^2 + 2X_A X_B \rho_{A.B} \sigma_A \sigma_B \tag{5-4}$$

となる。共分散と相関係数の関係を示した（5-2）式を用いると，（5-4）式は，

$$\sigma_P^2 = X_A^2 \sigma_A^2 + X_B^2 \sigma_B^2 + 2X_A X_B \sigma_{A.B} \tag{5-5}$$

と表すことができる。通常，リスクは標準偏差で表現するので，最後に平方根を取り，σ_Pとする。

$$\sigma_p = \sqrt{\sigma_p^2} = \sqrt{X_A^2 \sigma_A^2 + X_B^2 \sigma_B^2 + 2X_A X_B \sigma_{A.B}} \tag{5-6}$$

ポートフォリオ分散の導出

　ポートフォリオPが資産AとBから構成されているとする。投資比率はAにX_A，BにX_Bとするとき，Pの分散は，

$$Var(P) = E[r_p - E(r_p)]^2$$

と書くことができる。これは期待値の形になっているが，偏差の2乗の形であり，(4-3)式と同じ形である。ここで，ポートフォリオPのリターン R_P は，

$$R_P = X_A r_A + X_B r_B$$

より，

$$Var(P) = E[X_A r_A + X_B r_B - E(X_A r_A + X_B r_B)]^2$$

となる。投資比率 X_A，X_B は定数であるので期待値の外に出すことができ，これでまとめると，

$$Var(P) = E\{X_A[r_A - E(r_A)] + X_B[r_B - E(r_B)]\}^2$$

となる。さらに2乗を展開して整理すると，

$$Var(P) = X_A^2 E\{[r_A - E(r_A)]^2\} + X_B^2 E\{[r_B - E(r_B)]^2\} + $$
$$2X_A X_B E\{[r_B - E(r_B)][r_A - E(r_A)]\}$$

となる。右辺第1項の $E\{[r_A - E(r_A)]^2\}$ はAの分散を，第2項の $E\{[r_B - E(r_B)]^2\}$ はBの分散を，そして，第3項の $E\{[r_B - E(r_B)][r_A - E(r_A)]\}$ は共分散である。つまり，

$$Var(P) = X_A^2 \sigma_A^2 + X_B^2 \sigma_B^2 + 2X_A X_B \sigma_{A,B}$$

となり，(5-5) 式と同じ形になったことが確認できる。

(2) N個の資産からなるポートフォリオのリターンとリスク

さらに一般化して，n個の危険資産から構成されるポートフォリオのリターンとリスクは次のように示される。

$$r_p = \sum_{i=1}^{n} X_i r_i$$

$$\sigma_P^2 = \sum_{i=1}^{n} \sum_{j=1}^{n} X_i X_j \sigma_{i,j} \tag{5-7}$$

ここで，iとjは互いに独立して1からnまで変化することを意味している。例えば，n＝2であれば，組み合わせは，(i, j) の順に，(1, 1)，(1, 2)，(2, 1)，(2, 2) となるため，ポートフォリオのリスク（分散）は，

$$\sigma_P^2 = \sum_{i=1}^{2} \sum_{j=1}^{2} X_i X_j \sigma_{i,j} = X_1 X_1 \sigma_{1,1} + X_1 X_2 \sigma_{1,2} + X_2 X_1 \sigma_{2,1}$$
$$+ X_2 X_2 \sigma_{2,2}$$

となる。ここで $X_1 X_1 \sigma_{1,1} = X_1^2 \sigma_1^2$, $X_2 X_2 \sigma_{2,2} = X_2^2 \sigma_2^2$, $X_1 X_2 \sigma_{1,2} = X_2 X_1 \sigma_{2,1}$ であるから,

$$\sigma_p^2 = X_1^2 \sigma_1^2 + X_2^2 \sigma_2^2 + 2 X_1 X_2 \sigma_{1,2}$$

と（5-5）式と同じ形が得られることが分かる。

(3) ポートフォリオへの投資とリスク減少

ポートフォリオのリターン，リスクの計算に慣れるため，以下の例題を考えてみよう。

例題2　先の A，B 社株によるポートフォリオを考える。投資比率を $X_A = 40\%$，$X_B = 60\%$ としたときのポートフォリオ P のリターンとリスクを求めてみよう。

	平均値	標準偏差	相関係数
A 社株	3.16	15.6	-0.58
B 社株	1.26	7.2	

ポートフォリオのリターン r_P は，（5-3）式より,

$$r_P = X_A r_A + X_B r_B = 0.4 \times 3.16 + 0.6 \times 1.26 = 2.02$$

となり 2.0% と求められる。また，リスク（分散）σ_p^2 は投資比率，標準偏差，相関係数などを（5-4）式に代入して,

$$\sigma_p^2 = X_A^2 \sigma_A^2 + X_B^2 \sigma_B^2 + 2 X_A X_B \rho_{A,B} \sigma_A \sigma_B$$
$$= 0.4^2 \times 15.6^2 + 0.6^2 \times 7.2^2 + 2 \times 0.4 \times 0.6 \times (-0.58) \times$$
$$15.6 \times 7.2 = 26.33$$

となるので，リスク（標準偏差）は，

$$\sqrt{26.33} = 5.13$$

となり5.1%と求められる。

　この例では，ポートフォリオのリスクが5.1%となり，A社株のリスク15.6%はもとより，B社株の7.2%よりも小さくなることがわかった。このように，ポートフォリオを組むことで，ポートフォリオを構成する資産の中で最もリスクの低い資産よりリスクを小さくすることができる場合がある。

　ポートフォリオのリターンとリスクは，ポートフォリオを構成する資産への投資比率を変えることで変化する。図5-3は横軸にリスク，縦軸にリターンを取り，先の例でA社株への投資比率をゼロから100％まで変化させたときに得られるポートフォリオのリターンと，リスクの組み合わせを描いたものである。図のように，一般的に2資産へ投資を行ったときのポートフォリオのリターンとリスクの組み合わせの集合

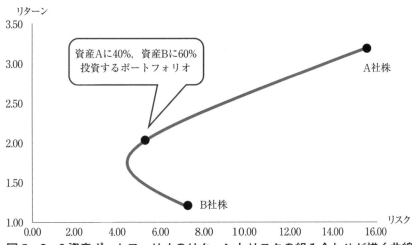

図5-3　2資産ポートフォリオのリターンとリスクの組み合わせが描く曲線

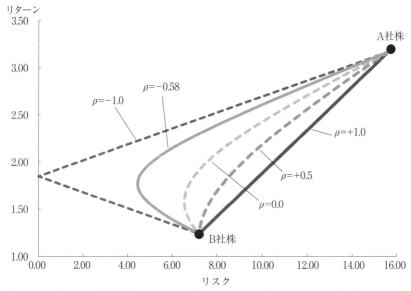

図 5−4　様々な相関係数の下でのポートフォリオのリターンとリスクの組み合わせが描く曲線

は，双曲線を描き，それぞれに単独投資した場合よりも，リスクが低い投資ができている。これがポートフォリオを構築する，すなわち分散投資によるリスク低減の効果である。

　ポートフォリオのリスクが減少する要因は（5−4）式や（5−5）式の右辺第3項の存在である。具体的には相関係数や共分散が負の値を取ることがあるためである。この項の影響を理解するために，先の例では相関係数が−0.58であったが，ここでは相関係数が異なる値であったらどうなるかを見てみることにしよう。次の図5−4は先の例において相関係数のみを+1.0，+0.5，0.0，もとの相関係数−0.58，そして，−1.0と異なる水準であったと仮定し，その上で2つの資産への投資比率をさまざまに変化させたときの，ポートフォリオのリターンとリスクの組み合

わせが描く軌跡を示したものである。

　図で示されるように，相関係数が+1のとき，ポートフォリオの組み合わせはA社株とB社株を直線で結んだ軌跡となる。相関係数が小さくなるにつれ，ポートフォリオの組み合わせの軌跡は左にふくらみ，双曲線を描くようになる。相関係数が−1のとき，組み合わせの軌跡はA社株と縦軸，B社株をつなぐ直線となり，リスクがゼロになる組み合わせがあることを示している。この例では資産Aへの投資比率を約31.6%としたときにリスクがゼロになることがわかっている。

　このように，ポートフォリオのリスクを小さくするのは相関係数の存在であり，リスクを小さくするためには，互いの相関係数が低いもの，なるべく−1に近い組み合わせを探せばよい，ということになる。

(4) 投資機会集合

　2銘柄から構成されるポートフォリオのリターンとリスクの組み合わせは曲線を描くが，3銘柄以上から構成されるポートフォリオのリター

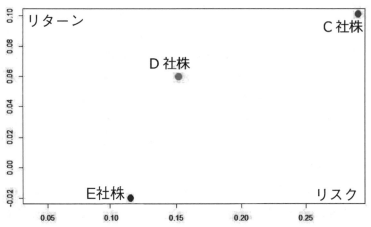

図5−5　3資産の月次リターンの平均とリスク（標準偏差）プロット

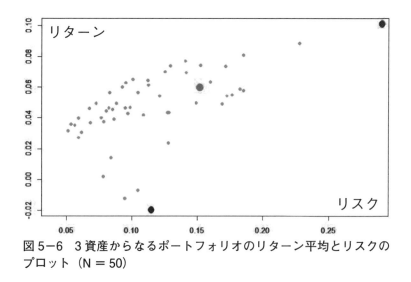

図5-6　3資産からなるポートフォリオのリターン平均とリスクの
プロット（N＝50）

ンとリスクはどのようになるだろうか。図5-5は実際の株価（タイヤ
メーカーC，ドラッグストアD，ガス会社E，2020年4月から2021年
3月まで）の月次リターンの平均とリスクをプロットしたものである。
　次に図5-6から図5-9は3銘柄への投資比率をランダムに発生（た
だし，3銘柄への投資比率の合計が1になるように調整）させ，そこで
求められたポートフォリオのリターンとリスクの組み合わせをプロット
したものである。図5-6から図5-9まで順に50回，500回，5,000回，
50,000回組み合わせを発生させ，描画している。3資産以上の組み合わ
せでは，図5-6から確認できるように，50回くらいでは傾向が見いだ
せないが，500回になると左側に境界が見え始め，5,000回くらいにな
ると全体の領域が確認できるようになる。最後に50,000回になると，
図5-9のように平面を埋め尽くすようになる。こうして得られた平面
を投資機会集合と呼ぶ。

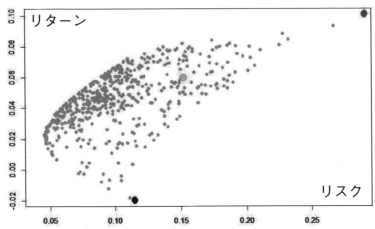

図5-7　3資産からなるポートフォリオのリターン平均とリスクの
プロット（N＝500）

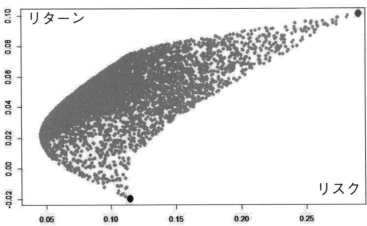

図5-8　3資産からなるポートフォリオのリターン平均とリスクの
プロット（N＝5000）

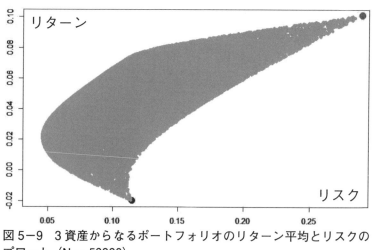

図5-9　3資産からなるポートフォリオのリターン平均とリスクの
プロット（N = 50000）

（5）有効フロンティア

　投資機会集合は無数の組み合わせを表している。ここから，私たちは
どの組み合わせを最適なポートフォリオとして選択したらよいであろう
か。4章で確認したことを思い出せば，

・同じリターンなら，リスクが少ない資産の方が良い
・同じリスクなら，リターンが高い資産の方が良い
・より高い効用を示す無差別曲線上に位置する資産の方が良い

であった。ここから考察すると，図5-10の点Fよりも点Gの方が同
じリスクでより高いリターンが得られるという，望ましい組み合わせで
あり，また，点Fよりも点Hの方が同じリターンをより低いリスクで
達成できるという，望ましい組み合わせであることがわかる。つまり，
投資機会集合のうち，左上の太線の部分にあたる曲線AGHの部分が最
もふさわしい組み合わせの集合となる。この曲線を有効フロンティアと

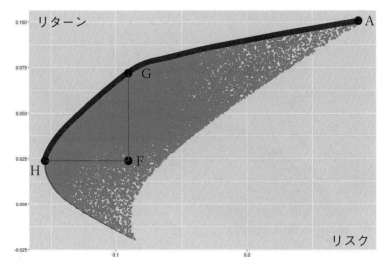

図5-10　3資産からなるポートフォリオの有効フロンティア

呼ぶ。

　有効フロンティアを構成するポートフォリオは，投資機会集合のその他の組み合わせよりも，リターン，リスクの面で有利な組み合わせであることがわかる。投資家はこの有効フロンティア上の組み合わせから，図5-11で示したようにそれぞれ自身の無差別曲線と接する点の組み合わせを選択することになる。

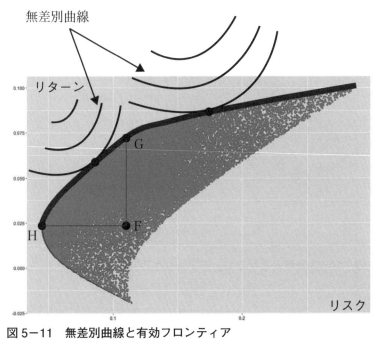

図5−11　無差別曲線と有効フロンティア

有効フロンティアの求め方

　私たちは最適なポートフォリオを選択する際に，投資機会集合からではなく，有効フロンティアから選択することを確認したが，有効フロンティアはどのように求めたらよいだろうか。

　有効フロンティアの特徴は，投資機会集合を構成するポートフォリオの中でも，同じリスクならよりリターンが高い，同じリターンならよりリスクの低いポートフォリオの集合である。したがって，任意のリターンにおいて最小のリスクを達成する組み合わせを求め，これをリターンの水準を変えてゆくことで有効フロンティアを求めることができる。数式でこれを表現すれば，

$$\text{Min} \quad \sigma_P^2 = \sum_{i=1}^{n} \sum_{j=1}^{n} X_i X_j \sigma_{i,j}$$

$$\text{Subject to } r_p = \sum_{i=1}^{n} X_i r_i$$

$$\sum_{i=1}^{n} X_i = 1, \quad X_i \geq 0$$

という問題を任意のリターン μ（ただし，ポートフォリオを構成する資産のリターンの最小値と最大値の間）を変えながら求めることになる。

(1) 資産Lと資産Nのリターンが以下のように観察されているとき，資産LとNの相関係数を求めよ。

資産L	10%	8%	12%
資産N	0%	5%	4%

(2) あなたはM社株とO社株の購入を計画している。過去のデータから，両社の株式のリターンの平均と標準偏差は以下のようになっていた。この2銘柄を用いてポートフォリオを作るとき，以下の問いに答えよ。

	M社株	O社株
平均値	15%	27%
標準偏差	20%	35%

1) ポートフォリオのリターンを20%にするにはM社株に資金の何%を投資すればよいか。

2) 両社の株式の相関係数が0.2のとき，M社株に30%，O社株に70%投資するポートフォリオのリターンとリスクを求めよ。

(3) リスク資産からなる投資機会集合のうち，投資家は有効フロンティア上の組み合わせから，自身の無差別曲線と接する点の組み合わせを選択することが最適とされる理由を述べよ。

参考文献

葛山康典『企業財務のための金融工学』朝倉書店，2003 年

仁科一彦『現代ファイナンス理論入門〈第 2 版〉』中央経済社，2004 年

古川浩一／蜂谷豊彦／中里宗敬／今井潤一著『コーポレート・ファイナンスの考え方』中央経済社，2013 年

ツヴィ・ボディ，ロバート・C・マートン著，大前恵一朗訳『現代ファイナンス論』ピアソン，1999 年

6 | CAPM －資本資産評価モデル－

阿部圭司

《**学習のポイント**》第5章では危険資産からなるポートフォリオの選択問題を考察したが，本章では，ここに安全資産を導入することで，リスク資産選択の問題と投資家のリスクに応じた選択問題とを分けて考えるべきという，分離定理を示す。さらに，均衡状態における個別資産のリスクとリターンとの関係を，選択すべき危険資産ポートフォリオと関連付けた資本資産評価モデル（CAPM）について解説する。

《**キーワード**》資本市場線，分離定理，CAPM，ベータ値，証券市場線

1. 安全資産の導入

(1) 資本市場線の導出

第5章における危険資産からなるポートフォリオの選択問題では，投資機会集合上の有効フロンティアに位置する組み合わせから，投資家の無差別曲線と接する組み合わせが選択される，という結論が得られていた。ここで，危険資産のみの状況へ安全資産を1つ導入してみよう。安全資産は第4章でも説明したが，リスクのない資産である。代表的な安全資産としては国債が挙げられる。

今，危険資産のみから構成される有効フロンティア AB 上の任意の点 $N(R_N, \sigma_N)$ と安全資産点 R_f との2資産から構成されるポートフォリオを考える（図6-1）。安全資産はリスクのない資産であるから，図中の点 R_f のように，縦軸上の点として表される。

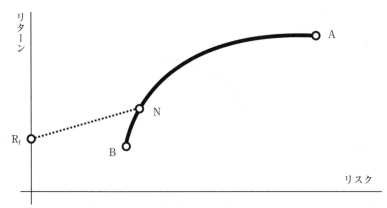

図6−1　危険資産のみから構成されるポートフォリオ N と安全資産 R_f から作られるポートフォリオの組

　このポートフォリオのリスク（分散）σ_P^2 は，安全資産のリスクがゼロ（$\sigma_{Rf}=0$）であるから，2資産からなるポートフォリオのリスクを示す（5−4）式

$$\sigma_p^2 = X_A^2 \sigma_A^2 + X_B^2 \sigma_B^2 + 2X_A X_B \, \rho_{A,B} \sigma_A \sigma_B \qquad (5-4)$$

に，$A=N$，$B=R_f$，$\sigma_A=\sigma_N$，$\sigma_B=\sigma_{Rf}=0$ を代入すると，

$$\sigma_p^2 = X_N^2 \sigma_N^2$$

より

$$\sigma_p = X_N \sigma_N \qquad (6-1)$$

となり，ポートフォリオのリスクは N への投資比率 X_N に比例することがわかる。ここで，σ_N はポートフォリオ N のリスク（標準偏差）である。したがって，このポートフォリオのリターンとリスクの組み合わせが描く軌跡を図示すると，図中の点線 R_fN となる。この部分が新しい有効フロンティアの一部となり，図中の R_f，N，A を結ぶ線が新しい有効フロンティアとなる。以前の有効フロンティアのうち，曲線 BN を構成する組み合わせはリスク，リターンの面で優位な組み合わせではなく

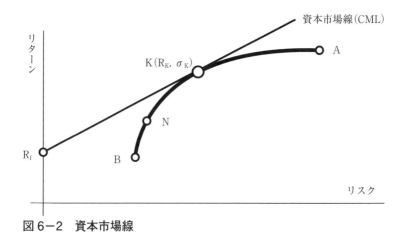

図6-2　資本市場線

なり，有効フロンティアからは外れることが理解できる。

　この考え方を推し進めると，危険資産ポートフォリオと安全資産の最も有効な組み合わせは，安全資産 R_f から伸ばした直線が危険資産のみからなる有効フロンティア AB と接する状態，すなわち接点 K を通る直線となることが理解できるだろう（図6-2）。

　この直線 R_fK が安全資産を導入した場合の新しい有効フロンティアである。これを資本市場線（Capital Market Line：CML）と呼ぶ。新しい投資機会集合はこの資本市場線の下方の領域となる。投資家の選択は，危険資産のみのポートフォリオと同様，投資家の持つ無差別曲線と有効フロンティアの接点から選ばれるので，この資本市場線上の任意の点から選択される。

　図中，資本市場線上の点 R_f から K までの部分は，安全資産 R_f と危険資産ポートフォリオ K の組み合わせを意味し，点 K から右上の部分は，利率 R_f で借り入れを行い，ポートフォリオ K を買い増している状態を意味している。

(2) 分離定理

　資本市場線の導出により，安全資産が存在する市場では，どのような投資家であっても，選択される組み合わせは資本市場線上にあることが示された。これは，危険資産およびそれらから構成される危険資産ポートフォリオの組み合わせは無数に存在するが，選択される組み合わせは，資本市場線が唯一，危険資産ポートフォリオの有効フロンティアと接する，図6−2中の点Kに相当する組み合わせに限られることを意味している。

　投資家の効用に左右される部分は，この唯一選択すべき危険資産ポートフォリオと安全資産への投資比率の決定のみとなり，危険資産ポートフォリオ自体の選択は投資家の効用とは別に決定される。この性質を指して分離定理（separation theorem）と呼ぶ。

2. CAPM

(1) CAPM とは

　第3章で説明した配当割引モデルでは，株価は毎期の配当を株式の割引率（株式の投資収益率）で割り引くことで求められるとしている。したがって，理論価格を求めるには，分子にあたる配当額の推定と，分母にあたる株式の割引率を推計する必要がある。分子にあたる配当額の予測はこれまでの実績と企業が公表する利益予想や経営計画，業界動向などを勘案し，推測することになるが，分母の割引率，見方を変えると収益率はどのように推測したらよいだろうか。市場で取引されるリスクを有する資産の収益率構造について表記した代表的なモデルとして，Sharpe, Lintner らによる資本資産評価モデル（Capital Asset Pricing Model: CAPM）が挙げられる。

　CAPMでは，市場が均衡であるとき，分離定理で示された投資家が唯一選択すべき危険資産ポートフォリオ K は，すべての危険資産から構成されるマーケット・ポートフォリオ M と一致し，個別証券 i の期待収益率 R_i とマーケット・ポートフォリオの期待収益率 R_M との間には次の関係が成立するとしている。

$$R_i = R_f + \beta_i (R_M - R_f) \tag{6-2}$$

　ここで，R_f は安全利子率，R_M はマーケット・ポートフォリオの期待収益率，β_i は証券 i のリスク尺度であり，ベータ値，ベータリスクと呼ばれている。β_i は以下の式で表される。

$$\beta_i = \frac{\sigma_{i,M}}{\sigma_M^2} \tag{6-3}$$

　ここで，$\sigma_{i,M}$ は資産 i とマーケット・ポートフォリオ M の収益率との共分散，σ_M^2 は市場ポートフォリオの収益率の分散である。マーケット・ポートフォリオとは，市場で売買されるすべての危険資産をその時価総額に応じた割合で保有している状態のポートフォリオを意味する。

　CAPMによれば，個別資産の期待収益率は安全利子率とリスク・プレミアムと呼ばれる部分から構成されており，リスク・プレミアムはマーケット・ポートフォリオのリスク・プレミアム($R_M - R_f$)の β_i 倍であることが分かる。安全利子率とマーケット・ポートフォリオのリスク・プレミアムはすべての資産に共通であり，個々の資産の期待収益率の差はベータ値の大小で説明される。

　縦軸にリターン，横軸にベータ値を取り，CAPMによる証券の期待収益率とベータ値の関係を図示したものが図6-3である。この直線を証券市場線(Security Market Line: SML)と呼ぶ。ベータ値の定義から，以下の特徴を理解することができる。

表6−1：ベータ値の水準の意味

β の状態	当該資産の期待収益率の特徴
$\beta_i = 0$	当該資産の期待収益率は安全資産の収益率と等しい
$\beta_i = 1$	当該資産の期待収益率はマーケット・ポートフォリオの期待収益率と等しい
$\beta_i > 1$	当該資産はマーケット・ポートフォリオよりリスクが大きい。例えば $\beta_i = 2$ ならば，当該資産はマーケット・ポートフォリオの2倍のリスク・プレミアムを有することを意味する
$\beta_i < 1$	当該資産はマーケット・ポートフォリオよりリスクが小さい。例えば $\beta_i = 0.5$ ならば当該資産はマーケット・ポートフォリオの半分のリスク・プレミアムであることを意味する

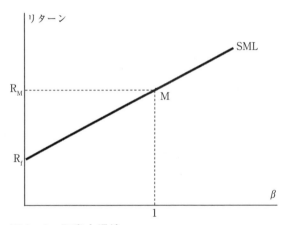

図6−3　証券市場線

CAPM の導出

　CAPM の詳細な導出は省略するが，ここでは導出の考え方について説明する。

1. 資本市場線が描けている状況において，投資機会集合内の任意の資産 i に比率 W，市場ポートフォリオ M に 1−W だけ投資を行うポートフォリオ P を考える。ポートフォリオのリターンとリスクが描く軌跡は資産 i と M を通る点線で示される。
2. 投資比率 W がゼロの時，ポートフォリオ P のリターンとリスクは M と一致する。
3. 一方で，M は資本市場線上に位置する。
4. すなわち，W がゼロの時，ポートフォリオ P に接する接線の傾きは資本市場線の傾きと等しい。

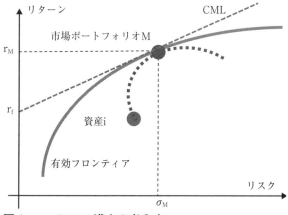

図 6−4　CAPM 導出の考え方

これを式で表すと，

$$\left.\frac{\mathrm{d}r_\mathrm{p}}{\mathrm{d}\sigma_\mathrm{p}}\right|_{W=0} = \frac{r_\mathrm{M} - r_\mathrm{f}}{\sigma_\mathrm{M}}$$

となる。左辺はポートフォリオ P において，比率 W がゼロの時のリスクの変化に対するリターンの変化，すなわち傾きを示している。右辺は資本市場線の傾きそのものである。これを解くことで CAPM の式を導出することができる。詳細は参考文献を参照されたい。

(2) CAPM と分散投資

いま，危険資産 i の収益率が CAPM のようにマーケット・ポートフォ
リオと関連する形で説明されると仮定し，

$$R_i = a + \beta_i R_M + \varepsilon_i \tag{6-4}$$

と表現できるとする。R_M はマーケット・ポートフォリオのリターンで
ある。a は定数，ε_i は誤差項であり，R_M とは無相関である。収益率の
総リスクは収益率の標準偏差ないし分散だから，

$$\sigma_{R_i}^2 = \beta_i^2 \sigma_{R_M}^2 + \sigma_{\varepsilon_i}^2 \tag{6-5}$$

と書くことができる。このように,危険資産のリスクはマーケット・ポー
トフォリオとの関連を要因とするリスク（右辺第１項）と，資産固有の
要因により生じるリスク（右辺第２項）の２種類に分解できることが分
かる。右辺第１項のマーケット・ポートフォリオと関連する部分をシス
テマティック・リスク（Systematic Risk），第２項の資産固有の要因で
生じる部分を非システマティック・リスク（Unsystematic Risk）と呼ぶ。
（6-5）式をポートフォリオと考え置き換え，

$$\sigma_{R_p}^2 = \beta_P^2 \sigma_{R_M}^2 + \sigma_{\varepsilon_p}^2 \tag{6-6}$$

と表すこととし，個々の資産の非システマティック・リスク同士には相
関がないものとすると，（6-6）式の右辺第２項，非システマティック・
リスクは各資産への投資比率を X_i として，

$$\sigma_{\varepsilon_p}^2 = \sum_{i=1}^{n} X_i^2 \sigma_{\varepsilon_i}^2 \tag{6-7}$$

と書くことができる。ここで，X_i を一定とすれば，$X = 1/n$ より，

$$\sigma_{\varepsilon_p}^2 = \sum_{i=1}^{n} \left(\frac{1}{n}\right)^2 \sigma_{\varepsilon_t}^2 = \frac{1}{n} \sum_{i=1}^{n} \frac{\sigma_{\varepsilon_i}^2}{n} \tag{6-8}$$

と書き換えることができる。$n \to \infty$，すなわち十分に分散されたポート
フォリオであれば，（6-8）式はゼロに収束することがわかる。つまり，

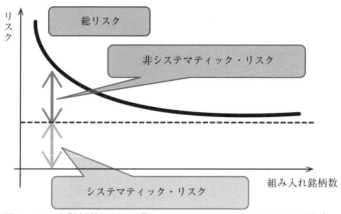

図6-5　分散投資による非システマティック・リスクの減少

（6-6）式で示されるポートフォリオのリスクは，十分に分散投資され
ている場合は，

$$\sigma_{\text{Rp}}^2 \fallingdotseq \beta_{\text{P}}^2 \sigma_{\text{RM}}^2$$

とシステマティック・リスクのみで表現することができる。

　一方，（6-6）式の $\beta_{\text{P}}^2 \sigma_{\text{RM}}^2$ は，個々の資産に対して定まる β_i の値に依
存するため，分散投資によってもゼロにすることができない。ここで示
されたのは，非システマティック・リスクは個々の資産により動きが異
なる（互いに相関がない）ため，分散投資により相殺しあう組み合わせ
を作ることができ，十分に分散投資がなされた状態では除去することが
できる，ということである。この関係を図示すると，図6-5のように
なる。ポートフォリオへの組み入れ銘柄数が少ない状態では総リスクは
大きいが，組み入れ数が増加するにつれ，非システマティック・リスク
が減少し，組み入れ数が十分な数になると，ほぼシステマティック・リ
スクのみとなる様子が示されている。

　一方，システマティック・リスクはすべての資産に共通の要因であり，

分散投資によっても除去することのできないリスクとして残る。CAPM
の形を改めて見ると，R_M に関連する部分，すなわちシステマティック・
リスクに対してのみ価格付けが行われていて，非システマティック・リ
スクを評価していないことがわかる。分散投資により除去できるのだか
ら，分散投資が広く行われている市場においては，このリスクに対して，
リターンを考慮する必要はない，と CAPM は語っているのである。

(3) CAPM の推計

　2010 年 1 月から 2014 年 12 月までの 60 ヵ月の月次リターン（各月の
終値を用いて計算）を用いて実際にベータ値を推計してみよう。マーケッ
ト・ポートフォリオは TOPIX とする。2008 年秋のリーマン・ショック
以来の低迷から脱してゆくという状況であった。

　ベータ値を計測するための企業として，自動車 A 社，電機 B 社，化
粧品 C 社，鉄道 D 社を選んだ。各社は東証 1 部（現東証プライム）市
場に上場し，この期間，株式分割など資本の変化は起きていない。各社
と TOPIX との共分散，TOPIX の分散など，ベータ値算出のための統
計量を表 6−2 にまとめている。ベータ値は，(6−3) 式より，マーケッ
ト・ポートフォリオとの共分散をマーケット・ポートフォリオの分散で
除することで求めた。

　表 6−2 より，この時期，自動車 A 社のベータ値は 1.230 とマーケット・
ポートフォリオよりも高い水準にあることがわかる。また電機 B 社は

表6−2：具体的銘柄のベータ値（2010/1 ～ 2014/12）

	TOPIX	自動車 A 社	電機 B 社	化粧品 C 社	鉄道 D 社
共分散 / 分散	0.00025	0.0031	0.0029	0.0014	0.0012
ベータ値	1.000	1.230	1.154	0.565	0.509

（共分散は TOPIX 収益率とのもの。TOPIX のみ分散の値）

1.154 と市場よりやや高めのリスクであることがわかる。これら2社は輸出に多くを依存している企業であり，景気の好不調に大きく影響され，TOPIX とほぼ同じ動きか，それ以上に変動したと解釈することができる。一方，化粧品C社，鉄道D社は1を下回るベータ値となった。これらは比較的景気に左右されず，常に一定の需要が見込まれる業種であり，TOPIX との連動性が低くなっていると解釈することができる。

　ベータ値は（6-3）式で定義されるが，マーケット・ポートフォリオのリターンと個々の銘柄のリターンを回帰分析した際の傾きという形でも求められる。図6-6は4社のうち自動車A社と化粧品C社の，それぞれ TOPIX との関係を散布図で示し，図中に回帰直線を書き込んだものである。化粧品C社の回帰直線の傾きが自動車A社より低く，TOPIX の動きとはあまり関係なく変動している様子が伺える。

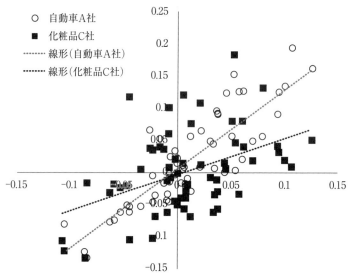

図6-6　TOPIX と自動車A社，化粧品C社の月次リターンの関係

チャートの読み方

　図6−7はTOPIXの推移をチャートと呼ばれる図で示したものである。棒グラフの一つ一つは各月の情報を表し，始値，高値，安値，終値の四本値と呼ばれる価格情報が含まれている。白ぬきの棒を陽線，黒く塗りつぶされている棒を陰線と呼ぶ。陽線はその月の終値が始値より高く終わったことを示し，陰線は終値が始値より下がって終えたことを示している。それぞれの棒から飛び出している線をヒゲといい，上が高値，下が安値の水準を意味する。図6−7からは前半は陰線がやや多めで市況が低迷していることが伝わってくるが，後半は一転して陽線が多く，上昇してゆく様子がよくわかる。

　始値＜終値の場合には，図のように陽線に，逆に始値＞終値の場合には，塗りつぶされた陰線となる

図6−7　チャートの例（2010/1 〜 2014/12：TOPIX 月次の動き）

3. CAPM の利用

(1) CAPM の主な利用

　分離定理及び CAPM は，選択すべき危険資産ポートフォリオがマーケット・ポートフォリオであることを示している。そうであるならば，無数の資産を対象として計算を繰り返し，最適なポートフォリオの組み合わせを探し出すより，マーケット・ポートフォリオを保有することが簡単であろう。この考えのもとに 1970 年代半ばよりインデックス・ファンドと呼ばれる投資信託が登場している。これらは日経平均や TOPIX などの株価指数（インデックス）と連動するように設計されている。

　また，CAPM をベースに各資産を評価することができる。理論上，すべての資産は証券市場線上にプロットされるが，図 6−8 のように実際の資産は必ずしも証券市場線上にない場合がある。証券市場線より上にプロットされた場合，リスク以上に期待収益率が高くなっているので，その分，証券価格は低くなっている，つまり割安であると判断できる。

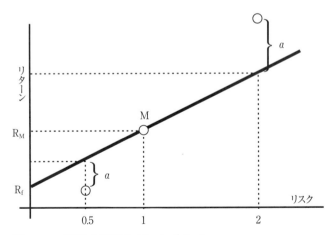

図 6−8　証券市場線とジェンセンの α

逆に証券市場線より下にプロットされた場合，割高であると判断できる。この期待収益率の格差をジェンセンの α（アルファ）と呼び，誤った価格付けがされた資産を見つけるための尺度とされる他，投資信託などのパフォーマンス評価指標として使われている。

　さらに，CAPMにより求められた期待収益率は，投資家が企業に対して求める収益率とみなすことができる。これを株主資本コストという。株主資本コストは債権者（負債）の資本コストとともに，設備投資の意思決定時，あるいは割引キャッシュフロー法などにより企業価値を算出する際に用いられる割引率，すなわち，加重平均資本コストの算出（第11章を参照）に活用されている。

(2) CAPM 以外のモデル

　CAPM以外にも，リスク資産の価格付けを試みたモデルが提案されている。そのいくつかを簡単に紹介する。

　ファクター・モデルは，リスク資産に影響を与える要因（ファクター）を想定したモデルであり，ファクターが1つであるモデルをシングルファクター・モデル，複数のファクターを想定するモデルをマルチファクター・モデルと呼ぶ。シングルファクター・モデルとCAPMは形こそ似ているが，ファクター・モデルはあくまでも収益率生成の構造が，あるファクターにより説明されていることを示すモデルである。(6-4)式のように，ファクターをマーケット・ポートフォリオとしたモデルを特にマーケット・モデルと呼ぶ。

　APT（Arbitrage Pricing Theory，裁定価格理論）はRoss（1976）により提案されたものである。APTではマルチファクター・モデルを出発点として，高度に競争的な市場では，裁定取引による利益が得られない状態（無裁定状態）となることを利用して，リスク資産の価格付け

を試みているモデルである。

　Fama and French（1993）による3ファクター・モデルは，CAPM が現実の市場ではリスクを完全に説明できていないとし，（6-9）式のようにマーケット・ポートフォリオにリスクを説明するファクターを2つ追加した代表的なマルチファクター・モデルの1つである。この2つのファクターは，規模のファクターと株式の時価簿価比率のファクターであり，CAPM 検証の過程で数多く指摘された要因でもある。また，彼らの3ファクターに対し，他の要因を加えたファクター・モデル（4ファクター，5ファクターモデル）も提案されている。

$$R_i = R_f + \beta_{MKT,i}(R_M - R_f) + \beta_{SMB,i}SMB_t + \beta_{HML,i}HML_t + \varepsilon_i$$

$$(6-9)$$

ここで，SMB，HML は

$$SMB = \frac{SH + SM + SL}{3} - \frac{BH + BM + BL}{3}$$

$$HML = \frac{SH + BH}{2} - \frac{SL + BL}{2}$$

であり，それぞれの要素は，下表のように全銘柄を時価総額と時価簿価比率で6分割した各ポートフォリオの平均リターンである。

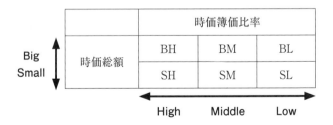

学習課題

(1) CAPM に関する以下の問題に答えよ。

  1) CAPM が成立している市場において，マーケット・ポートフォリオの期待収益率が 10%，標準偏差が 15% であるとき，資産 A のベータ値はいくつになるか。ただし，資産 A の標準偏差は 12%，マーケット・ポートフォリオとの相関係数は 0.8 である。

  2) 上記 1) の条件で，安全利子率が 4% ならば，資産 A の期待収益率はいくつになるか。

  3) CAPM が成立している市場において，マーケット・ポートフォリオの期待収益率が 9%，安全利子率が 4% であるとき，12% の期待収益率を得る資産のベータ値はいくつだろうか。

(2) マーケット・ポートフォリオの期待収益率が 8%，安全利子率が 3% の市場において，ベータ値 1.2 の資産 B の収益率は 11% であった。このとき，資産 B は証券市場線に対してどのような位置にあるか。また，資産 B は割高か割安か。

(3) 分離定理の説明では，安全資産は 1 種類とし，暗黙のうちに預け入れ（運用）の金利と借り入れの金利が同水準と仮定していた。しかし，一般的には借入金利の方が高い。安全資産 R_f より高い金利で借り入れが行われるとき，有効フロンティアはどのように変化するだろうか。

参考文献

葛山康典『企業財務のための金融工学』朝倉書店，2003 年

小林孝雄・芹田敏夫『新・証券投資論 I 理論篇』日本経済新聞出版社，2009 年

デービット・G・ルーエンバーガー著，今野浩／鈴木賢一／枇々木規雄訳『金融工学入門』第 2 版，日本経済新聞社，2015 年

Fama, E. and French, K. "Common Risk Factors in the Returns on Stocks and Bonds", Journal of Financial Economics. 33, 1993.

Jensen, Micheal C., "The performance of mutual funds in the period 1945-1964", The Journal of Finance 23 (2), 1968.

Ross, S. A., "The Arbitrage Theory of Capital Pricing", Journal of Economic Theory, 13, 1976.

7 | デリバティブ －派生証券－（1）

阿部圭司

《**学習のポイント**》「デリバティブ」とは「派生証券」とも呼ばれ，原資産といわれる証券や資産を対象として，新たに作られた証券や契約のことを意味する。原資産には株式，債券のほか，金利，為替といった金融資産や農作物，工業品，天然資源などが対象とされ，その価格変動がデリバティブの損益を決定するという点が大きな特徴である。本章ではデリバティブの定義，種類，市場規模を概観し，代表的なデリバティブとして先渡し・先物取引，スワップ取引について解説する。

《**キーワード**》デリバティブ，レバレッジ，先渡し・先物取引，スワップ取引

1．デリバティブとは

(1) デリバティブとは何か

　デリバティブ（Derivative）とは動詞の derive（引き出す，由来する，…から出てくる）の名詞形で，派生物，派生語，導関数，微分係数などの意味を持つ。ファイナンスの世界では，「派生証券」と呼ばれる一連の商品を意味し，原資産と呼ばれる資産や証券のキャッシュフローを根拠にして作成される新たな資産や証券のことを指す。原資産を由来とする商品なので，「デリバティブ」と称される。

(2) デリバティブの種類

　デリバティブには先渡し・先物，スワップ，オプションという，大き

く分けて3つの種類がある。

　先渡し契約（フォワード，forward），先物取引（フューチャーズ，futures）は共に，将来のある時点で原資産を現時点で決めた価格（先渡し価格，先物価格）により売買するという契約である。スワップ取引（swap）とは，将来の一定期間において，双方の原資産から生じるキャッシュフローを交換する契約である。最後にオプション取引(option)とは，将来のある時点（まで）に，原資産をあらかじめ決めた価格で売買する権利を取引することである。また，先物のオプションやスワップのオプションのように，デリバティブを複数組み合わせたものも存在する。

(3) 原資産の種類

　デリバティブが対象とする原資産には，金利，為替（通貨），株式（個別銘柄，株式指標），国債などの金融資産の他，商品（農水産物，貴金属，非鉄金属，繊維，石油，工業品など）がある。例えば，日本取引所グループ傘下の大阪取引所では日経平均株価という株価指数を原資産とした「日経225先物」，「日経225オプション」という先物取引，オプション取引が行われている。同じく大阪取引所では金，銀，プラチナ，パラジウム，ゴム，大豆，小豆，トウモロコシなどの先物取引，さらに金のオプション取引が行われている。同じく日本取引所グループ傘下の東京商品取引所では原油，電力といったエネルギー関連の先物取引が行われている。この他，東京金融取引所では金利や為替，株式を原資産とするデリバティブが，大阪の堂島取引所ではとうもろこし，大豆，小豆，粗糖の先物取引が行われている。これらは取引所で取引されるデリバティブであるが，後述するように，取引所以外での取引も活発に行われている。

2.　デリバティブの用途と特徴

(1)　デリバティブの用途

　デリバティブの用途はリスクヘッジの手段，投機による利益獲得，裁定利益の獲得，さらには価格発見機能などが挙げられる。

1)　リスクヘッジの手段

　ヘッジ（hedge）とは日本語に訳すと，掛けつなぎ，つなぎ売買と呼ばれる損失回避のための取引を指す。ヘッジ対象資産と逆の損益パターンを持つ取引をデリバティブで行うことにより，将来の取引価格を現時点で確定することや，価格変動による将来の損失を軽減することができる。

2)　利益獲得〜投機

　投機とは経済実体とは関係なく，短期的な価格変動を利用して利潤を得る行為を指す。後述するように，デリバティブはレバレッジ効果を持つため，投機目的の投資家にとってデリバティブは魅力的な商品に映る。投機自体は，相場を実体からかけ離れた方向に向かう力となりうるため，規制の対象や，一般から悪い印象を持たれたりするが，リスクを積極的に引き受ける存在，市場の流動性を維持する存在でもある。

3)　利益獲得〜裁定

　裁定取引とは，同一物に異なる価格が付いているとき，その価格差を利用して，リスクなしに利益を上げる経済行為を意味する。さや取りとも呼ばれている。例えば，東京と名古屋の証券取引所の両方に上場する株式があり，東京では500円，名古屋では520円の値が付いていたとする。このとき，裁定取引を試みる投資家は，東京でこの株式を買い，直

ちに名古屋で売却することで20円の利益を得る（取引コストは無視する）ことができる。

4）価格発見

デリバティブは原資産を元にした商品であるから，原資産価格の変動を反映した価格となる。そのため，デリバティブの価格は原資産の価格形成，価格発見についての情報を提供しているとみることができる。

(2) デリバティブの特徴
1）少額な取引コスト

先渡し，先物取引は将来の売買契約を現時点で行うだけであるので，本来，契約に伴うコストがかからない。すなわちゼロ円で契約できることが特徴である。実際の先物取引では証拠金と呼ばれる保証金を差し入れることで売買契約を結ぶことになっている。この証拠金も比較的少額であり，後述するレバレッジ効果を生む要因となっている。

これを実際の数値を用いて説明しよう。図7-1は日本経済新聞の2021年9月28日付けの市況欄の一部である。これによると，大阪取引所では，前日の2021年9月27日における金先物（期近，満期まで最も短いもの（＝10月））の終値（清算値）は6,250円（1gあたり）であった。取引単位は1,000g，1キログラムである。つまり，この先物を1単位だけ購入（あるいは売却）すると，6,250円×1,000g＝625万円分の取引となる。

これに対して，この日より後に適用される金先物の証拠金は，ある証券会社が設定していた金額は1単位当たり168,000円とされていた[1]。ここでは手数料，税金は考慮していないが，実に証拠金の35倍以上の取引が可能であることを意味している。先物取引は売り手，買い手共に

1）2021年現在，証拠金額は日本証券クリアリング機構が毎週最終営業日に算出・公表する翌週分に適用されるSPANパラメータを参考に各社が設定する。証拠金についてはコラムを参照のこと。

商品先物 （27日）

◇日本取引所グループ

	始値	高値	安値	清算値	前日比
《金》 (1グラム)					
10月	6200	6252	6191	6250	△26
12月	6222	6251	6191	6249	△21
2月	6227	6254	6196	6251	△15
4月	6231	6263	6198	6250	△14
6月	6229	6259	6193	6248	△10
8月	6229	6257	6190	6245	△10
《金ミニ》 (1グラム)					
10月	6252	6252	6248	6250	△26
12月	6221	6251	6219	6249	△21
2月	6225	6253	6223	6251	△15
4月	6236	6257	6227	6250	△14
6月	6227	6257	6193	6248	△10
8月	6226	6256	6191	6245	△10
《金限日》 (1グラム)					
	6308	6322	6260	6250	△25
《白金》 (1グラム)					
10月	3494	3565	3479	3558	△51
12月	3496	3564	3477	3550	△42
2月	3486	3567	3478	3563	△59
4月	3494	3566	3463	3566	△63
6月	3485	3552	3427	3545	△57
8月	3455	3525	3399	3517	△55
《白金ミニ》 (1グラム)					
10月	3506	3556	3506	3558	△51
12月	3500	3546	3478	3550	△42
2月	3472	3561	3472	3563	△59
4月	3499	3553	3451	3566	△63
6月	3473	3546	3430	3545	△57
8月	3457	3523	3401	3517	△55

	始値	高値	安値	清算値	前日比
《白金限日》 (1グラム)					
	3503	3600	3475	3562	△37
《銀》 (1グラム)					
10月	—	—	—	79.2	0
12月	81.2	81.3	81.2	81.3	△0.4
2月	—	—	—	80.9	0
4月	—	—	—	80.0	0
6月	79.7	79.8	79.0	79.8	△0.5
8月	80.0	80.9	79.1	80.5	△0.2
《パラジウム》 (1グラム)					
10月	—	—	—	6800	0
12月	—	—	—	6800	0
2月	—	—	—	6800	0
4月	—	—	—	6800	0
6月	—	—	—	6800	0
8月	—	—	—	6900	0
《原油》 (1キロリットル)					
9月	50300	50410	50300	50410	△410
10月	51720	53070	51720	52890	△1140
11月	50640	52310	50640	52160	△1160
12月	50200	51690	50170	51510	△1140
1月	49680	51200	49500	50940	△1140
2月	49310	50760	49050	50520	△1140
3月	50190	50190	49860	49880	△870
4月	—	—	—	49760	△1100
5月	—	—	—	49400	△1090
6月	48240	48240	48240	48240	△500
7月	—	—	—	48690	△1050
8月	—	—	—	48310	△1010
9月	—	—	—	47980	△1000
10月	—	—	—	47640	△970
11月	46350	47590	45830	47210	△860
《ガソリン》 (1キロリットル)					
11月	—	—	—	66950	0
12月	—	—	—	66420	0
1月	—	—	—	66160	0
2月	—	—	—	66120	0
3月	66300	67460	66300	67460	△1300
4月	67060	67550	67060	67550	—

図7−1　商品先物市況欄の例 (2021 年 9 月 28 日　日本経済新聞)

予想と逆の方向に相場が変化すると，損失を被る可能性がある。そのため，売り手，買い手共に証拠金を差し入れる必要がある。

　また，オプション取引はオプション料を支払い（受け取り）オプションを購入（売却）するが，そのコストは非常に小さいという特徴がある。これも図 7−2 に示す新聞記事から数字を拾うと，大阪取引所で取引されている日経平均オプションのうち，2021 年 10 月に満期を迎える権利行使価格 30,500 円のコール・オプションの価格（終値，オプション料）

120

◇日経平均オプション・大取 （円・枚）

権利行使価格	10月 終値	前日比	売買高	建玉	11月 終値	前日比	売買高	建玉	12月 終値
コール 30000	450	−55	282	10665	835	＋5	6	2825	1095
30125	370	−30	341	632	—	—	—	47	—
30250	315	−45	1108	5009	700	−15	51	867	—
30375	260	−30	216	699	640	−25	3	1165	910
30500	210	−40	1493	5955	585	＋5	83	3203	830
30625	170	−30	343	2482	525	—	11	14	—
30750	135	−25	1430	2609	480	−50	193	381	—
30875	105	−20	356	1229	425	＋5	5	46	—
31000	83	−17	3051	10407	385	−15	40	5795	600
プット 29500	200	−25	2151	6075	585	−20	8	517	800
29625	230	−25	170	631	620	—	12	38	—
29750	265	−30	297	1102	670	−20	6	14	—
29875	320	−10	47	698	660	—	7	11	—
30000	355	−10	579	4190	765	−25	12	2498	970
30125	415	−15	57	582	830	0	71	121	1055
30250	475	−15	43	960	865	−35	66	327	—
30375	525	−95	12	356	915	—	2	13	—
30500	545	−90	63	1035	—	—	—	373	—

総売買高コール 33799枚　　プット 40821枚　　日経平均HV 17.7
当日総建玉コール 565718枚　　プット 911531枚

図7−2　日経平均オプション市況欄の例（2021年9月28日　日本経済新聞）

は210円，権利行使価格30,000円のプット・オプションでは355円と安価であることが分かる。なお，詳しくは第8章で学ぶが，オプションの買い手は損失が生じる場合でも損失はオプション料のみに限定されるので，証拠金は不要だが，オプションの売り手は予想が外れると損失が拡大するため，証拠金を差し入れる必要がある。

証拠金

　証拠金とは先物・オプション取引を行う際に預けるいわば保証金である。先物やオプション取引では毎日投資家の損益を計算し，含み益や含み損を証拠金に加減している。これを値洗いという。含み損が多く発生し，証拠金が不足すると追加の証拠金を差し入れること（追加証拠金）ができない限り，取引は清算される。

　このように，証拠金と値洗いの制度は，投資家の信用リスクを回避する役割を有している。

デリバティブの歴史

　デリバティブはその仕組みの複雑さから，現代に誕生した取引と思われるが，実は古い歴史を有している。

　例えば，古代ギリシャの哲学者タレス（BC624-546 頃）には，オリーブ搾り機を借りる権利（現代におけるオプション取引）で一儲けしたという逸話が残されている。また，歴史上初めてのバブルとして知られている 17 世紀オランダでのチューリップ市場でも，オプションと同様の取引が行われていた記録が残されている。

　現代の先物取引制度に近い形態が整ったとして評価されているのは江戸時代の大坂（今の大阪）である。1730 年には「堂島米会所」が幕府から公認された取引所として，「帳合米取引」と呼ばれる米の先物取引を行った記録が残されている。差金決済，少額な証拠金制度，清算機関

図7−3　摂津名所図会（1796〜1798：堂島米商い）
出所：大阪市立図書館デジタルアーカイブより

の存在など，現代の市場に通じる制度がすでに定められていたことは驚きに値する。1796年から1798年にかけて刊行された「摂津名所図会」には堂島での往時のにぎわいの様子を伺うことができる。

2) レバレッジ効果

　前述の目的でデリバティブが利用される理由は，デリバティブがレバレッジ効果を持つ，という特徴にある。レバレッジとは梃子（てこ）のことである。梃子を利用すると，小さい力で重いものを持ち上げることができる。これと同じく，前述したように，デリバティブは取引コストが少額であるにも関わらず大きな取引が可能，という特徴があり，これをレバレッジ効果と呼んでいる。

　リスクヘッジ目的での取引では，その追加的コストは低ければ低い方が望ましい。また，投機目的においても，少ないコストで大きな利益を獲得する機会が得られるため，デリバティブは有効であるが，逆に損失を出した場合，デリバティブの利用は初期コスト以上の損失を生じさせる場合がある。これもレバレッジ効果の1つの特徴である。

(3) デリバティブの市場規模

　図7-4は，日本銀行調べによるわが国主要ディーラーによるデリバティブ取引残高である。店頭取引とは，売買の当事者同士で価格や取引条件を取り決めて行う取引方法である。オーバー・ザ・カウンター（OTC）とも呼ばれている。一方，取引所取引とは，取引所において価格以外の取引の諸条件が決められているもののみを取引するものである。想定元本とはデリバティブにおいて受け渡しするキャッシュフロー（金利など）を求めるために置く，名目上の元本を意味する。実際に取引される金額でないが，デリバティブの市場規模を考える際の指標となっている。日

本銀行の調査では 2021 年 6 月末の時点における国内のデリバティブ取引残高は想定元本ベースで店頭取引が 63.3 兆米ドル，取引所取引が 3.7 兆米ドルと，実は取引所よりも店頭取引で扱われる規模の方が大きい。対象となる原資産別では，金利関連取引がほとんどであり，次いで為替関連取引となっている。デリバティブの種類別では，スワップ取引が最も多くなっている。

　デリバティブが発達した理由として，以下の要因が考えられている。近年，多くの市場で規制緩和，国際化が進み，投資家，発行者ともに運用・調達の面での選択肢が増加した。この自由化・国際化を受け，市場では新しいリスクの高まりとそれをヘッジする必要性が生まれ，これに応える金融工学と呼ばれる分野が発達，コンピュータ，ネットワークの性能が向上したことにより，さまざまな取引が実現できるようになった

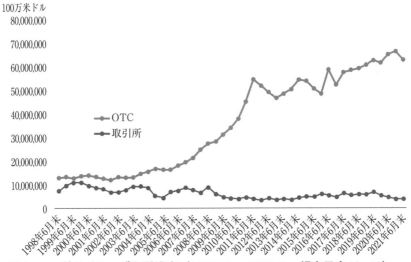

図7－4　デリバティブ取引残高（1998/6 ～ 2021/6，想定元本ベース）
日本銀行「デリバティブ取引に関する定例市場報告」より作成

ことが挙げられる。

3. 先渡し・先物取引

(1) 先渡し・先物取引とは何か

先渡し・先物取引とは，共に将来の定められた期日に定められた価格で原資産を購入あるいは売却する契約である。先渡しと先物の大きな違いは先渡しが店頭（相対）取引であるのに対し，先物は取引所を通じた取引である点にあるが，その経済的効果は同じであるので，まとめて考察されることが多い。原資産が金融資産（金利，通貨，株価指数など）であれば金融先物，商品（農水産物，資源など）であれば商品先物と呼ばれている。

定められた期日を最終取引日（あるいは受渡日），定められた価格を先渡し価格（forward price）または先物価格（future price）と呼ぶ。また，先物取引では最終取引日が含まれる月を限月（げんげつ）と呼ぶ。限月は対象となる原資産ごとに異なる。

(2) 先渡しと先物の違い

先渡しと先物は共に，将来のある時点において原資産をあらかじめ決められた価格で売買するという契約であるが，先渡しが店頭（相対）で，先物が取引所で取引されるという点で異なっている。この違いは2つの取引に対してさらに特徴を付け加えている。

(3) 先物を用いた取引戦略

先物を利用した取引には大きく，オープン・ポジション取引，ヘッジ取引，裁定取引の3つが知られている（表7-2参照）。オープン・ポジ

表7-1：先渡し取引と先物取引の違い

	先渡し取引	先物取引
取引される場所	店頭（相対取引）	取引所（取引所取引）
取引条件など	当事者間で任意に決定	原資産，限月，取引単位など価格以外の条件が決まっている
取引相手の信用リスク	契約が履行されないリスクが存在する	取引所が契約履行を保証しているため，信用リスクはない
キャッシュフローのタイミング	満期日（受渡日）まで生じない	日々値洗いが行われ，証拠金に加減される
清算	満期日に原資産と代金を受け渡しする	途中でも反対売買により清算可能（差金決済）

ション取引は原資産を直接取引する場合と同じく，対象となる資産の価格変化を想定したものである。裁定取引は同じ資産に異なる価格が付いている場合に，割高な方を売り，割安な方を買い，価格差が縮小した時点で反対売買することで利益を得る取引である。

　ヘッジ取引は保有資産の価格変動や購入予定の資産の価格変動を抑える目的で行われるものである。ここでは購入予定の価格変動リスクをヘッジする買いヘッジについて，例を用いて説明する。

　A社は3か月後に金10キロを購入予定である。3か月後が限月の金先物価格は現在1グラム6,250円とする。A社はこの金先物を10キロ分買い建てておき，満期の直前に金の現物を購入すると同時に金先物を売り建てて，決済する。満期時点で先物価格と現物価格は一致するが，満期直前であっても金先物の価格と現物価格は同じ水準になったと仮定する。決済時点で金の現物価格（＝先物価格）が7,000円になった場合と，5,000円になった場合の2通りを考えてみよう。

　7,000円と現時点より値上がりしていた場合，先物を売り建てて決済

表7-2：先物を利用した取引例

取引の種類		内容
オープン・ポジション（アウトライト）取引	買い建て	原資産価格が高くなると予想し，先物を買い建て，その後売り建てて決済する
	売り建て	原資産価格が下がると予想し，先物を売り建て，その後買い建てて決済する
	SQ決済	先物を契約したものの，満期まで持ち越し，SQ[2]で自動決済する
ヘッジ取引	売りヘッジ	保有資産の価格変動リスクを抑えるために，先物の売り建てから始める
	買いヘッジ	購入予定資産の価格変動リスクを抑えるために，先物の買い建てから始める
裁定取引（ベーシス取引）	売り裁定	理論価格より割安な先物を購入し，原資産を売却することから始め，後に反対売買する
	買い裁定	理論価格より割高な先物を売却し，原資産を購入することから始め，後に反対売買する

することで，1グラム当たり750円の利益を得る。金の現物を7,000円で購入するので，結果的に6,250円で購入できたことになる。一方，5,000円と値下がりしていた場合には，先物の決済から1グラム当たり1,250円の損失が生まれているので，結果的に6,250円で購入できたことにな

表7-3：買いヘッジ取引の結果

現時点	1グラム6,250円で先物を買い建てておく	
満期直前	1グラム7,000円の場合	1グラム5,000円の場合
	現物7,000円で購入	現物5,000円で購入
	1グラム7,000円で売り建てる 750円の利益	1グラム5,000円で買い建てる 1,250円の損失
結果	1グラム6,250円で購入したと同じ効果	

2) SQとはSpecial Quotationの略で特別清算指数を意味する。株価指数先物，株価指数オプション取引を満期日までに反対売買しなかった場合に決済するための清算価格のこと。

る。このように，先物を用いたヘッジは，利益を得る機会を放棄する代わりに，将来の損失リスクを抑える働きを持つ。

(4) 先物の理論価格
1) 配当のない株式に対する先物価格

　先物の理論価格を考えるにあたって，最もシンプルな配当のない株式を原資産として考えてみる。①原資産購入というポジションと，②先物購入と同時に先物価格分の償還額のある割引債（割引率 r）を購入するというポジションの2つを考える。原資産の現在の価格 S_0 は T 期後には S_T へと変化する。一方のポジションにおいて，先物の契約（先物価格 F）自体には現時点で支出は生じないが，T 期後には先物価格 F で原資産を購入し，直ちに S_T で売却する。また，割引債からは金額 F だけの償還を受ける。この2つのポジションの現在，T 期後のキャッシュフローをまとめると表7-4のようになる。

　2つのポジションの将来のキャッシュフローは共に S_T となることが分かる。将来のキャッシュフローが等しくなると分かっている2つのポジションの現在の価格はどうあるべきだろうか。仮に差があった場合，安い方を買い，高い方を売っておく。T 期後に買ったものを売却し，売っ

表7-4：2つのポジションのキャッシュフロー比較

ポジション	現時点	T 期後
① 原資産購入	$-S_0$	$+S_T$
② 先物購入	0	$-F+S_T$
② 先物価格分の償還額 　となる割引債購入	$-\dfrac{F}{(1+r)^T}$	$+F$
② の合計	$-\dfrac{F}{(1+r)^T}$	$+S_T$

たものを買い戻す取引を行うことによりポジションを解消，清算となるが，このとき，T期後は同額なのだからキャッシュフローはゼロとなり，現時点での差額が利益となる。つまり，将来のリスクなしに，現時点で利益を獲得することが可能となる。競争的な市場ではこうした状況を投資家は見逃さない。取引が続く結果，安い方は値上がりし，高い方は値下がりが続き，かくして現時点での差額が生まれない，つまり現時点における2つのポジションのキャッシュフローが等しくなるような価格に落ち着くはずである。したがって，

$$S_0 = \frac{F}{(1+r)^T} \qquad\qquad (7-1)$$

より

$$F = S_0(1+r)^T \qquad\qquad (7-2)$$

となる。先物取引の理論価格は原資産の現在の価格に期日までの金利を乗じたものに等しいことがわかる。先物取引では契約時点においてコストがかからない（証拠金はここでは考えない）ため，本来原資産を購入するための資金を運用することで，金利を得ることができる。上記の式はそのことを反映している。原資産が株式の場合，先物では配当を受け取ることができないため，その分の価値が下がる。

2）先物価格～計算例

計算例を通じて先物価格の仕組みを理解しよう。

例題1　現在の日経平均が27,500円で，1年後に限月となる日経平均先物の理論価格はいくらになるか。また，同条件で半年後に限月を迎える日経平均先物の理論価格はいくらになるか。ただし，1年間の金利は2%，この期間中の配当はないものとし，小数点以下は切り捨てとする。

　配当のないタイプの先物の理論価格は，（7−2）式に与えられた条件を代入して，1 年後に期限を迎える先物の理論価格は，

$F = 27{,}500 \times (1+0.02)^1 = 28{,}050$ 円

また，半年後に期限を迎える先物の理論価格は，

$F = 27{,}500 \times (1+0.02)^{0.5} = 27{,}500 \times \sqrt{1.02} = 27{,}773$ 円

となる。

3）通貨先物の理論価格

　次に通貨（為替レート）を原資産とする先物の理論価格を考える。

　ここでも，理論価格の導出には，先物を含む 2 つのポジションの現在と T 期後の価値の比較により行う。①ドルを購入する先物の契約というポジションと，②ドル建ての割引債の購入と同時に，T 期後に先物価格 F の返済額となる円借り入れを行うポジションである。ドル，円の金利をそれぞれ r_{us}，r_{jp} とする。また，現在の為替レートを S_0，T 期後のレートを S_T とする。それぞれのポジションは，表 7−5 のようになる。表は 1 ドル分の契約をした場合と考えると分かり易い。

　まず，①について現時点では，先渡し契約はコストが生じないため，

表 7−5：2 つのポジションのキャッシュフロー比較

ポジション	現時点	T 期後
① ドル先渡し購入	0	$S_T - F$
② ドル建て割引債購入	$-\dfrac{S_0}{(1+r_{us})^T}$	S_T
③ 先渡し価格分の返済となる円借入	$\dfrac{F}{(1+r_{jp})^T}$	$-F$
③ と③の合計	$-\dfrac{S_0}{(1+r_{us})^T} + \dfrac{F}{(1+r_{jp})^T}$	$S_T - F$

130

キャッシュフローはゼロとなる。また，T 期後は F という価格（為替レート）で 1 ドル購入し，これを T 時点の為替レート S_T で売却できるので，キャッシュフローは $S_T - F$ となる。

　一方，②については T 期後で 1 ドルが償還される割引債を現時点で購入（預金でも良い）し，さらに③については T 期後で F という額を返済するような借り入れを行う，という計算になっている。それぞれ T 期後では，②からは 1 ドルが償還され，これを T 時点の為替レート S_T で円とするため S_T を受け取り，③からは F を返済するので，キャッシュフローは $S_T - F$ となる。

　これも同じく T 期後の 2 つのポジションの価値が等しいことから，現時点での価値も等しくならなければならない。よって，

$$0 = -\frac{S_0}{(1+r_{us})^T} + \frac{F}{(1+r_{jp})^T}$$

より，

$$F = S_0 \frac{(1+r_{jp})^T}{(1+r_{us})^T} \tag{7-3}$$

を得る。

4) 通貨先物～計算例

　通貨先物の場合も数値例を通じて理解を深めよう。

例題 2　現在の円ドルの為替レートが 1 ドル 122 円，日本の金利が年 2%，米国の金利が年 4% であるとき，1 年後の円ドルレートの先渡し価格はいくらになるか。ただし，小数点第 2 位までを求めることとする。

　通貨先物の理論価格を与える (7-3) 式に与えられた条件を代入して，

$$F = 112 \times \frac{1 + 0.02}{1 + 0.04} = 119.653$$

より，1ドル 119.65 円と予想される。

4. スワップ取引

(1) スワップ取引とは何か

　スワップ（swap）取引とは，将来生じるキャッシュフローを当事者間による合意に基づく相対取引により交換する取引である。交換するキャッシュフローは主に金利である。主要なスワップ取引には，同一通貨における金利を交換する金利スワップ（interest rate swap），異なる通貨における元利金を交換する通貨スワップ（currency swap）が，他に株価スワップ，商品スワップなどがある。金利・価格変動への対応，有利な調達の交換（債務の組替え）などが取引の主な目的である。

(2) 金利スワップ

　同一通貨における固定金利と変動金利から生じるキャッシュフローの

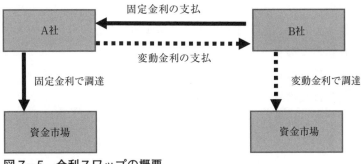

図 7−5　金利スワップの概要

交換を行う取引である。例を用いてこの取引の仕組みを説明する。

　A 社は現在，固定金利で借り入れを行っているが，将来，金利が低下するとの予想を持っており，変動金利での借り入れを希望している。

　一方，B 社は変動金利で借り入れを行っているが，A 社とは逆に，将来金利が上昇すると予想し，固定金利での借り入れを希望している。

　このとき，両社に情報がなく，相手が自身と逆のニーズを有しているとの認識がない場合には，両社はそれぞれの借り入れを解約し，新たに借り入れを行うしかない。しかし，これでは解約・再契約に新たなコストが生じるうえに，解約ができるかも不明である。

　両社が互いのニーズを認識していたとしたら，どうであろうか。もし，両社の借り入れにおいて，金利を除く条件が同じであれば，次の行動により実質的に希望する借り入れに変更したことになる。

・A 社：B 社へ変動金利を支払い，代わりに B 社から受け取る固定金利を借り入れへの利払いに充てる。
・B 社：A 社へ固定金利を支払い，代わりに A 社から受け取る変動金利を借り入れへの利払いに充てる。

　この取引により，A 社は実質的に変動金利で，B 社は固定金利で借り入れを行っている状況を作り出すことに成功した。これが金利スワップ取引の仕組みである（図 7-5）。

　ここで交換されるのは，金利から計算されるキャッシュフローのみであり，債務は交換されない。そのため金利スワップでは，キャッシュフローを求めるための元本を名目的に設ける必要があり，これを想定元本という。金利スワップは基本的なスワップ取引であり，プレーン・バニラ（plain vanilla）などとも呼ばれている。

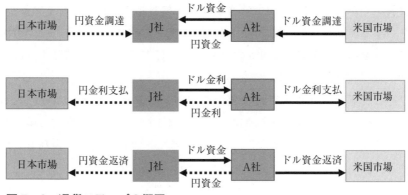

図7−6　通貨スワップの概要

　例のように，偶然反対のニーズを持つ相手を見つけられたときは，相対でスワップを取り組むことが可能であるが，実際には，金額や期間，利払い日など，条件が一致する相手を見つけるのは容易ではない。そこで，多くの企業のニーズを把握し，複数の当事者の間に入りスワップ取引の仲介的な役割を果たすのが大手金融機関である。

(3) 通貨スワップ

　通貨スワップとは，異なる通貨建ての固定金利と元本を交換する取引である。円とドル，あるいはドルとユーロなど，異なる通貨による交換である。金利スワップと異なり，元本と金利の両方を交換する点に特徴がある。金利部分だけを交換する通貨スワップもあり，これをクーポンスワップと呼んでいる。

　通貨スワップもまた，例を用いて仕組みを説明する（図7−6）。

　日本企業 J 社は米国市場への進出を目指しており，米ドルの調達を検討している。ドル市場では知名度はまだ低いので，日本国内で円を借りるなら4%の金利で済むが，米国市場でドルを借り入れる際には6%の

金利がかかる。一方，米国企業 A 社はすでに日本市場に参入しているが，さらなる展開を目指しており，日本円の調達を検討している。米国市場でドルを調達する際には 4% の金利だが，日本で日本円を調達するには 6% の金利を負担しなければならない。

そこで両社は通貨スワップ契約を結ぶ。円資金が必要な A 社の代わりに J 社が日本市場で円を調達し，A 社は J 社の代わりに米国市場でドルを調達する。互いに調達した資金を交換し，期間中支払う金利も交換する。満期時には再度資金の交換を行い，返済する。

この取引により，J 社は直接米国市場で調達した場合の 6% よりも低い 4% の金利負担でドルを調達することができた。一方，A 社も直接円を調達した場合は 6% の負担であるところ，やはり 4% の金利負担で調達することができた。実際には両社の間に金融機関が仲介役として入り，手数料を得ることが多い。

このように，通貨スワップは実質的に別の通貨建てで借り入れを行ったことと同様の結果を生む効果を持つ。また，条件によってはより有利な条件での借り入れを実行する効果を持つ。

学習課題

(1)　デリバティブの有するレバレッジ効果について説明せよ。

(2)　現在の日経平均が 9,800 円で，3 ヵ月後に限月となる日経平均先物の理論価格はいくらになるか。ただし，1 年間の金利は 3%，この期間中の配当はないものとし，小数点以下は切り捨てとする。

(3)　X 社は 3 ヵ月先に金の現物を購入する契約を結んだ。現在の金価格は 1 グラム 3,000 円，3 ヵ月先の先物価格は 1 グラム 3,300 円であった。X 社は先物を売却することで購入価格を 1 グラム 3,300 円に確定させた。3 ヵ月後の金価格が 1 グラム 3,600 円，あるいは 2,700 円となったシナリオの下に，購入価格を確定させた仕組みを説明せよ。

(4)　Y 社と Z 社はそれぞれ変動金利，固定金利での借り入れを検討している。両社の借り入れ条件が以下の表で示されるとき，スワップ契約からのメリットを折半する形で享受するためには，どのような契約内容にしたらよいか。想定元本は同額とする。

	固定金利で調達する場合	変動金利で調達する場合
Y 社（変動金利希望）	4.5%	変動金利＋0.2%
Z 社（固定金利希望）	5.4%	変動金利＋0.7%

参考文献

古川浩一／蜂谷豊彦／中里宗敬／今井潤一著『コーポレート・ファイナンスの考え方』中央経済社，2013 年

ジョン・C・ハル著，小林孝雄監訳『先物・オプション取引入門』ピアソン・エデュケーション，2001 年

8 | デリバティブ －派生証券－（2）

阿部圭司

《**学習のポイント**》通常の取引では，具体的な財・サービスと対価である金銭の交換が行われるが，オプション取引では財やサービスではなく，それを取り扱う「権利」のみが売買される。本章では，代表的なデリバティブの1つであるオプションの特徴とこれを利用した取引について解説する。
《**キーワード**》コールオプション，プットオプション，本質的価値，時間的価値，オプション価格

1. オプションとは何か

　オプション（option）とは，「選択すること」，あるいは「選択肢」を意味する。自動車を購入する際に，カーナビゲーションやドライブレコーダーなどのオプション装備について考えたり，旅行の際にオプショナルツアーに参加しようか，などと考えたりしたことがあるだろう。これらも自動車，旅行に追加するかどうかの選択肢が消費者に与えられている，ということを意味する。

　金融商品としてのオプションもこれと同じで，購入するかどうか（売却もある）の選択肢を意味するが，この選択肢自身が商品として流通するところに特徴がある。オプション取引とは，あらかじめ決められた期限（まで）に，原資産と呼ばれる対象資産を，行使価格と呼ばれるあらかじめ決められた価格で売買する権利の取引である。権利の代金であるオプション料はプレミアムとも呼ばれる。市場で取引される原資産には，

株式や株価指数，債券の他，為替，金利などの金融商品や穀物や貴金属，資源の先物取引も対象となっている。また，市場外（相対）で取引される場合にはさまざまな資産，事象が対象となる。

　オプションの購入者は原資産そのものではなく，権利を購入する。そのため，第7章で示したようにオプション料は原資産に比べてかなり小さな価格となる。また，購入者は原資産を売買する契約ではなく，売買する権利を有しているだけなので，この権利は行使してもしなくてもよい（放棄）。一方，オプションの売却者は相手が権利を行使した場合にこれに応じる義務を有する。

（1）オプションの種類

　オプションには何の権利が与えられているかで，2つの種類がある。1つはコール（call）オプションと呼ばれるもので，原資産を行使価格で購入する権利のことである。例えば，わかりやすくするためにオプション料，税金はないものとした場合，原資産の価格を500円で購入することのできるコールオプションの保有者は，原資産の価格が550円のとき，権利を行使して，これを500円で購入し，市場で売却することで50円（＝550−500）の利益を得ることができる。逆に，原資産の価格が400円であれば，権利行使しても損失が生じるだけなので，権利放棄をし，取引は行わない。利益は0円となる。

　もう1つはプット（put）オプションと呼ばれるもので，原資産を行使価格で売却する権利のことである。例えば，コールの場合と同じ条件で，原資産を500円で売却することのできるプットオプションの保有者は，原資産が550円のとき，権利を行使しても損失が生じるので，権利放棄をし，利益は0円となる。逆に，原資産の価格が400円であれば，原資産を市場から400円で購入し，権利行使して相手に500円で売却で

きるので，100 円（＝500－400）の利益を得ることができる。

表8-1：オプションの種類（コールとプット）

種類	権利の種類	買い手	売り手
コール	行使価格で原資産を買う権利	権利を行使する・しないは自由	権利行使された場合，行使価格で原資産を売る義務を負う
プット	行使価格で原資産を売る権利	権利を行使する・しないは自由	権利行使された場合，行使価格で原資産を買う義務を負う

　また，コール，プットとは別に権利行使の条件や行使価格の決まり方などにより分類できる。アメリカンと呼ばれるものは，満期日までの期間中であれば，いつでも権利行使可能なタイプのオプションである。一方，満期日にのみ，権利行使可能なタイプのオプションはヨーロピアンと呼ばれている。さらに，エキゾチックと呼ばれる一群もある。これらは行使価格の設定や権利の発生・失効について条件が付いているものである。

表8-2：オプションの種類（ヨーロピアン・アメリカン・エキゾチック）

種類	特徴
ヨーロピアン	満期日のみに権利行使可能
アメリカン	満期日までの期間中はいつでも権利行使可能
エキゾチック	行使価格の設定や権利の発生・失効に関して特殊な設定がなされているもの

エキゾチック・オプションの例

　エキゾチック・オプションは行使価格の設定や権利の失効などに条件のついた特殊なオプションである。エキゾチックと区別するため，通常のオプションをバニラ・オプションとも呼んでいる。ここでは代表的なものを紹介する。

■バリア・オプション

　原資産価格が特定の価格に達したときにオプション契約が有効，あるいは無効となるオプション。特定の価格に達したときに有効となるものをノックイン，逆に無効となるものをノックアウトと呼ぶ。

■バイナリ・オプション

　原資産価格が行使価格に達したとき，通常のオプションのように行使価格と原資産価格の関係で価値が決まるのではなく，あらかじめ決められた価値が生じるオプション。デジタル・オプションとも呼ばれる。原資産価格が行使価格に達したときに，固定した価値が生じるものをキャッシュ・オア・ナッシング，同じく原資産価格が行使価格に達したときに，原資産と同じ価値が生じるものをアセット・オア・ナッシングと呼ぶ。いずれも行使価格に達しない場合，価値はゼロとなる。

■アベレージ・オプション

　権利行使時の行使価格を特定の期間における原資産価格の平均値とするもの。あるいは原資産価格を特定の期間の原資産価格の平均値とするもの。アジアン・オプションとも呼ばれる。

■ルックバック・オプション

　権利行使時の行使価格を特定の期間における原資産価格の最大値（プットの場合）もしくは最小値（コールの場合）とするもの。

ストックオプション

　ストックオプションとは，賞与の代わりやその一部として，一定期間，ある一定の価格で自社株を購入する権利（コールオプション）を役員や従業員に与えるものである。株価が定められた価格を越えていれば，権利行使して自社株を取得し，市場で売却すれば利益を得ることができる。株価が上昇すれば，その分ストックオプションからの利益も多くなり，

勤労と業績のリンクが付けやすく，インセンティブ・プランとして活用
できる点が特徴である。

2．オプションの価値

(1) オプションの価値

　オプション料を無視した場合，保有するオプションの価値は，その時
点における原資産価格と権利行使価格の差で表現される。この差がプラ
スであればオプションは価値を持つ。一方，マイナスであればオプショ
ンを行使しても利益を得ることはできないので，行使しない。すなわち
価値は0である。

　コールオプションは行使価格で原資産を買う権利であるので，原資産
価格Sが行使価格Kを上回っていれば，権利行使してS－Kの利益を
得ることができる。一方，SがKを下回っていると，権利行使しても
利益を得ることができないため，権利を放棄する，すなわち0となる。
これを表現すると，

$$C = \text{Max}(S-K,\ 0) \tag{8-1}$$

となる。ここでCはコールオプションの価値，Max(・)はかっこ内の
どちらか大きい方，という意味である。図8-1はこれをイメージした
ものである。原資産価格Sが行使価格Kになるまでは価値は生まれな
いが，Kを超えると，Sが上昇するにつれ価値が増加する。コールオプ
ションはK以下の価格では損失が生じないため，原資産と比較して値
下がりに対する保険的機能を有していることがわかる。

　同様に，プットオプションは行使価格で原資産を売る権利であるので，
SがKを上回っていると，権利行使しても利益を得ることができない。
したがって，権利放棄となり価値は0となる。一方，SがKを下回っ

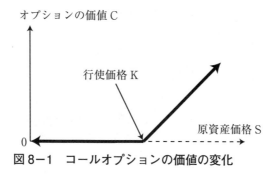

図8−1　コールオプションの価値の変化

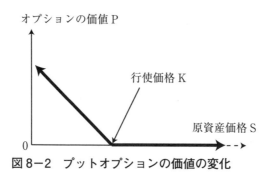

図8−2　プットオプションの価値の変化

ていれば，権利行使をして K−S の利益を得ることができる。これを表
現すると，

$$P = Max(K-S, 0) \qquad\qquad (8-2)$$

となる。P はプットオプションの価値を表す。図8−2はこれをイメー
ジしたものである。

　オプションに価値が生じているかどうかの状況に対して，名前が付け
られている。コールオプションを例に取って説明すると，アット・ザ・
マネー(at the money: ATM) は行使価格 （K）＝原資産価格 （S) の関
係にあることを意味する。イン・ザ・マネー(in the money: ITM) は，

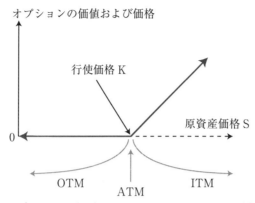

図8-3 オプションの価値とOTM，ATM，ITMの関係（コール）

K＜Sの関係にあり，オプションに価値のある状況，アウト・オブ・ザ・マネー(out of the money: OTM)はK＞Sの関係にあり，オプションに価値のない状態である。これを図示したものが図8-3である。

　プットオプションではITMとOTMの位置が入れ換わる。すなわち，K＞Sのとき，ITMであり，K＜SのときOTMである。また，行使価格と原資産価格の差が大きいとき，ディープ・イン・ザ・マネー，あるいはディープ・アウト・オブ・ザ・マネーという言い方をすることがある。

(2) 本質的価値と時間的価値

　オプションの価値はコール，プットオプションがそれぞれ，

$$C = \text{Max}(S - K, \ 0)$$
$$P = \text{Max}(K - S, \ 0)$$

で表されることはすでに述べたが，実際の価格はどのようになっているだろう。日経平均オプションを例にとってみることにしよう。表8-3は2021年9月28日の日本経済新聞の市況欄から，前日9月27日の日

表 8−3：日経平均オプションの 2021/9/27 における一部取引結果（日本経済新聞 2021/9/28 掲載分から作成）

	権利行使価格	10 月	11 月	12 月
コール	30,000	450	835	1,095
	30,500	210	585	830
	31,000	83	385	600
プット	権利行使価格	10 月	11 月	12 月
	29,500	200	585	800
	30,000	355	765	970

経平均オプションのいくつかの取引結果を抜き出してみたものである。

　表では異なる 3 つの満期ごとにコールは 3 種，プットは 2 種の行使価格を持つオプションの取引結果を載せているが，実際にはさらに多くの満期，行使価格が設定されている。原資産である日経平均株価はこの日，30,240.06 円で終えている。約 30,240 円とすると，コールオプションの価値は原資産価格と行使価格の差（とゼロのどちらか大きい方）であるから，10 月満期，権利行使価格 30,000 円のコールオプションの価値は 30,240 円 − 30,000 円 ＝ 240 円となるはずだが，オプション料は 450 円となっている。この差額 210 円は何だろうか。また，10 月満期，権利行使価格 30,500 円のコールオプションは 30,240 円 − 30,500 円 ＝ − 260 円となり，価値はゼロのはずであるが，価格として 210 円が付いている。同様に，プットオプションの価値は行使価格と原資産価格の差（とゼロのどちらか大きい方）なので，10 月満期，権利行使価格 29,500 円のプットオプションは 29,500 − 30,240 ＝ − 740 円となり，価値はゼロのはずだが，200 円の価格が付いている。なぜ価値のないものに価格が付いているのだろうか。この差は，満期までに原資産価格が上昇あるいは下落することで，オプションの価値が上昇あるいは発生することを期待した部

分である。この部分を時間的価値という。

　したがって，オプション料は，

　　　　　オプション料＝オプションの価値＋時間的価値

と示すことができる。今まで述べてきたオプションの価値を本質的価値と呼ぶ。本質的価値がゼロでも，時間的価値があればオプションの価格は付く。

　時間的価値の特徴をもう少し見てみよう。例えば，10 月満期，行使価格 30,500 円のコールオプションは前述の通り本質的価値がゼロであるが，満期日までに 30,500 円を超えるかもしれない，という期待で 210 円という価格が付いている。一方，31,000 円まで届く可能性は 30,500 円よりは低いので，同じ 10 月満期だが行使価格 31,000 円のコールオプションには 83 円しか付かない，ということになる。また，満期までの期間が長いほど，価格変動の可能性も大きいので，本質的価値が生じる可能性は大きい。したがって，コール，プットに関わらず同じ権利行使価格の場合，10 月に満期を迎えるオプションよりも 11 月，さらに 12 月に満期を迎えるオプションの方が時間的価値の多い分だけオプション料が高くなる。コールオプションを例にとり，オプション価格と価値の関係を図示したものが図 8-4 になる。

　図に示しているように，実際のオプション価格と価値を比較すると，ATM の状態で時間的価値が最も高い。逆に ATM から離れるにつれ，時間的価値は減少する。これは先に述べたように，ATM から離れるほど，満期までに状況が変化する可能性が低くなるからである。

オプション価格に影響を与える要因は，原資産価格と行使価格の関係の他に，金利水準，満期までの期間の長さ，原資産価格の変動である。原資産の変動はすなわち，原資産のリスクである。オプションもまた，リスクに応じて価格が決定される。

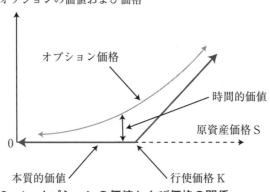

オプションの価値および価格

オプション価格

時間的価値

原資産価格 S

0

本質的価値

行使価格 K

図 8－4　オプションの価値および価格の関係

(3) オプションの理論価格

　オプションの理論価格を与える代表的なモデルが二項モデルとブラック・ショールズ・モデルである。

1) 二項モデル

　Cox, Ross, and Rubinstein（1979）により発表されたモデルである。モデルでは，原資産の価格が二項過程（上昇あるいは下落）に従うと仮定する。原資産の価格変化を二項過程に従って樹形図状に描き，枝が分かれる箇所（ノード）において，翌期のオプションの価値から 1 期前のオプション価値を求めることを繰り返して最終的に現在の価格を求める，というものである。このモデルはわかり易いだけではなく，途中行使が認められているアメリカンタイプのオプションや，エキゾチックタイプのオプションを評価する際にも便利なため，広く用いられている。

　1 期間の二項モデルに基づくコールオプションの価格は，表 8－4 にある記号を用いて表現すると，以下のようになる。

$$C = \frac{pC_u + (1-p)C_d}{1+r} \qquad (8-3)$$

ここで, p は,

$$p = \frac{r-d}{u-d} \qquad (8-4)$$

である。C_u, C_d はそれぞれ, 1 期後に原資産価格が上昇, 下落した場合のオプション価値であり,

$$C_u = \max\{(1+u)S - k, \ 0\}$$
$$C_d = \max\{(1+d)S - k, \ 0\}$$

である。

　式は p を原資産価格が上昇する確率とみなした場合, オプション価格は将来のオプション価値の期待値を取って, 無リスク利子率を用いて現在価値に割り引いた形をしている。この p をリスク中立確率とも呼んでいる。ここに示した二項モデルは 1 期間のものであるが, 1 期間当たりの原資産の上昇, 下落の割合を変化させたり, 変化の回数を 1 回ではなく, 複数回に増やすことにより, 実際の原資産の動きを再現することが可能となる。

表8−4：2項モデルに用いる記号

現在の原資産価格	S
行使価格	K
コールオプションの価格	C
1 期間後に原資産価格が上昇する割合	u
1 期間後に原資産価格が下落する割合	d
1 期間あたりの安全利子率 （u>r>d）	r

2)　ブラック・ショールズ・モデル

Black and Scholes（1973）により発表された，ヨーロピアンタイプのオプションの理論価格を与えるモデルである

　二項モデルが離散時間の視点から提案されているのに対し，ブラック・ショールズ・モデルは連続時間の観点から提案されている。原資産価格の変動をウイナー過程と呼ばれる確率過程で表現されると仮定して，オプション価格と原資産価格の関係を表した偏微分方程式を解くことで与えられる。

$$C = SN(d_1) - Ke^{-rT}N(d_2) \tag{8-5}$$

$$P = Ke^{-rT}N(-d_2) - SN(d_1) \tag{8-6}$$

C はコールオプション，P はプットオプションの価格を示す。ここで，$N(\cdot)$ は標準正規分布の累積密度関数であり，e は自然対数の底（$= 2.71828\cdots$），T は満期までの期間，r は無リスク利子率である。また，d_1，d_2 はそれぞれ，

$$d_1 = \frac{\ln\left(\dfrac{S}{K}\right) + \left(r + \dfrac{\sigma^2}{2}\right)T}{\sigma\sqrt{T}} \tag{8-7}$$

$$d_2 = \frac{\ln\left(\dfrac{S}{K}\right) + \left(r - \dfrac{\sigma^2}{2}\right)T}{\sigma\sqrt{T}} = d_1 - \sigma\sqrt{T} \tag{8-8}$$

である。ここで ln は自然対数を表し，σ は原資産価格の標準偏差である。それ以外の記号については表 8-4 と同じである。

　ブラック・ショールズ・モデルの中で原資産価格，行使価格，無リスク利子率，満期までの期間，そして実際のオプション価格は市場で観察可能な変数である。したがって，原資産価格の標準偏差が唯一観察できない変数である。このため，原資産価格の標準偏差（ボラティリティと呼ぶ）の推定は，オプション価格を予測する上で重要な位置を占めてい

る。

　他にも原資産の価格変化の仕方に工夫を加えたり，通貨や先物，債券など，株式以外の原資産に適用できるように修正を加えたモデルが数多く提案されている。

3. オプションを用いた取引

(1) コール，プットオプションの損益図

　オプション料も含めたオプション取引による損益図を描き，オプションを用いた取引の特徴を理解しよう。

　コール，プットオプションを単独で1単位売買する場合の損益図を考えてみる。共に行使価格は1,000円，オプション料を50円と仮定する。コール買いの場合，原資産価格が1,000円より低い場合，権利行使する価値は生じない。このとき，オプション料を50円支払っているので，損益は−50円となる。一方，原資産価格が1,050円なら，権利行使をして50円を得るが，オプション料と相殺して損益は0円となる。さらに原資産価格が上昇し，1,100円なら，権利行使をして100円を得るが，オプション料と相殺して50円の利益となる。

　逆に，コール売りの場合，原資産価格が1,000円を下回っている限り，権利行使は行われない。したがって，このとき常に50円の利益が得ら

表8−5：コールオプションの買いと売りポジションの損益

原資産価格	800	850	900	950	1,000	1,050	1,100	1,150	1,200
コール買いの損益	−50	−50	−50	−50	−50	0	50	100	150
コール売りの損益	50	50	50	50	50	0	−50	−100	−150

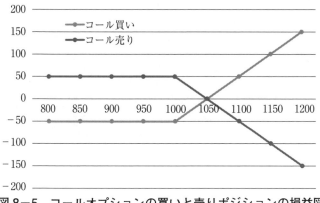

図 8−5 コールオプションの買いと売りポジションの損益図

れる。一方，原資産価格が 1,000 円を超えてくると，権利行使に応じなければならず，それに応じて損失が生じる。オプションの損益はこのように原資産価格を動かし，その時の損益を表 8−5 や図 8−5 のように表すと理解しやすい。

プットオプションについても同様に考え，各価格における損益を求めたものが表 8−6 となる。また，これを損益図で示したのが図 8−6 とな

表 8−6：プットオプションの買いと売りポジションの損益

原資産価格	800	850	900	950	1,000	1,050	1,100	1,150	1,200
プット買いの損益	150	100	50	0	−50	−50	−50	−50	−50
プット売りの損益	−150	−100	−50	0	50	50	50	50	50

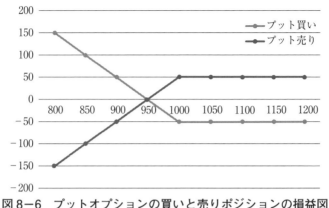

図8−6　プットオプションの買いと売りポジションの損益図

る。

(2) 原資産とオプションの組み合わせ

　原資産とオプションの組み合わせ戦略を考えてみる。ある資産の購入に対し，これを原資産としたプットオプションを購入するというポジションについて考える。先の例と同じく行使価格を1,000円，オプション料を50円と仮定し，同時に原資産を1,000円で購入していた場合，それぞれの損益とポジション全体の損益は表8−7のようになる。このポジションをプロテクティブ・プットと呼ぶ。プットオプションを用い

表8−7：原資産買いとプット買いの合成ポジションの損益

原資産価格	800	850	900	950	1,000	1,050	1,100	1,150	1,200
原資産買いの損益	−200	−150	−100	−50	0	50	100	150	200
プット買いの損益	150	100	50	0	−50	−50	−50	−50	−50
合成ポジション	−50	−50	−50	−50	−50	0	50	100	150

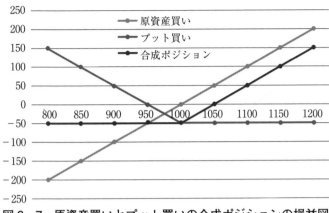

図8−7　原資産買いとプット買いの合成ポジションの損益図

て原資産の価格変動リスクをヘッジする戦略である。プットオプション
が原資産の価格下落に対して保険としての機能を果たしていることを図
8−7 からも理解することができる。

(3) オプション同士の組み合わせ

　次に，オプション同士の組み合わせ戦略の損益をみる。
　ここでは，同じ資産を原資産に持つ，コールの買いとプットの買いを
同時に行った場合である（表8−8）。ここでも行使価格は共に 1,000 円，

表8−8：コール買いとプット買いの合成ポジションの損益

原資産価格	800	850	900	950	1,000	1,050	1,100	1,150	1,200
コール買いの損益	− 50	− 50	− 50	− 50	− 50	0	50	100	150
プット買いの損益	150	100	50	0	− 50	− 50	− 50	− 50	− 50
合成ポジション	100	50	0	50	− 100	− 50	0	50	100

152

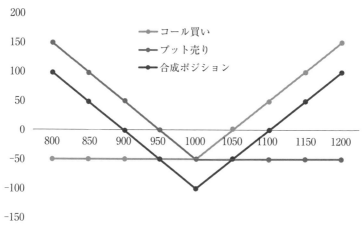

図8－8：コール買いとプット買いの合成ポジションの損益図

オプション料は50円とする。

　この戦略をロング・ストラドルと呼ぶ。(図8-8)。図から理解できるように，このポジションは，オプション料を倍支払う代わりに，原資産価格が行使価格を中心に上下に大きく変動する際に利益を挙げることが期待できる

(4) オプションを用いたヘッジ例

　オプションを用いたヘッジを先渡し・先物取引と比較しながら説明する。

例題1　日本のA社が米国のB社に販売した商品の代金10万ドルを3ヵ月後に受け取る予定である。A社は為替リスクを回避したいと考えている。1ドル＝120円で10万ドルを売却する先渡し契約を結んだ場合と，1ドル＝120円で10万ドルを売却するオプションを購入した場合を検討せよ。なお，ここでは取引コストの類は無視してよい。

①プラン1（先渡し・先物を用いた場合）

　A社は3ヵ月後に1ドル＝120円で10万ドルを売却する先渡し契約を結んだ。

　これによりA社は3ヵ月後の為替レートがどのような水準にあったとしても，受け取り額を1,200万円に確定した。つまり，リスクヘッジできた。もし，ヘッジしなかった場合，為替レートが3ヵ月後に1ドル＝90円なら，A社の受け取り額は900万円と減少していただろう。逆に，1ドル＝130円であれば1,300万円，受け取りは増加となり，為替差益を逃してしまう結果となる。このように，先渡しや先物を用いたヘッジは，利益を得る機会を放棄する代わりに，将来の損失リスクを抑える働きを持つ。

②プラン2（オプションを用いた場合）

　A社は3ヵ月後に1ドル＝120円で10万ドルを売却するオプションを購入した。

　これによりA社は3ヵ月後の為替レートがどのような水準にあったとしても，受け取り額を1,200万円以上に確定した。為替レートが1ドル＝90円なら，権利行使して，1ドル＝120円で受け取った10万ドル

を売却，A社の受け取りは1,200万円となる。逆に，1ドル＝130円であれば権利放棄して，その時点での為替レートで決済，A社の受け取りは1,300万円と，為替差益を獲得することもできた。このように，オプションを用いたヘッジは，将来の損失リスクを抑えると同時に，利益獲得の機会を逃さない仕組みとなっている。

天候デリバティブ・地震デリバティブ

近年新たなリスクマネジメントツールとして，保険とよく似ているが，仕組みの異なる商品が数多く誕生している。その1つが天候デリバティブと呼ばれるものである。

これらは事前にオプション料を支払い，権利を購入する。そして，気温，降水量，降雪量，台風などある種の天候条件を満たした場合に，保険料のような支払いを受ける，というものである。通常の保険では，損害額を超える保険給付が認められていないが，天候デリバティブや地震デリバティブでは，対象となるリスクが発生すれば，実際の損害の大小に関わらず，あらかじめ決められた金額が支払われる点に違いがある。

例えば，海水浴場の海の家がこの天候デリバティブを購入したとしよう。海の家はオプション料を支払う代わりに，当該地域の8月の最高気温が26度を下回った日が7日以上あった場合，30万円×日数分を受け取る，といった契約内容を結ぶのである。条件を満たせば，実際に売上げが30万円分減少していても，していなくても支払いは生じる。

天候デリバティブはゴルフ場，スキー場，遊園地などの施設，観光関連の他，食品，農業，電力・ガスなど，天候に業績が左右されるさまざまな業種で利用されている。

また，類似した商品に地震デリバティブというものもある。これは契約期間内に一定の震度（もしくはマグニチュード）以上の地震が生じた場合，支払いを受ける，というものである。地震保険よりも短期間で支払いを受けることができる点と，工場に被害はなくても，物流の影響で

営業できない，などの間接的な被害に対してもリスク管理を行うことが
できる点が評価されている。

学習課題

(1) オプション取引と先渡し・先物取引の違いについて説明せよ。

(2) コールオプションにおけるイン・ザ・マネーとは，原資産価格と行使価格がどのような関係にある状態か。また，プットオプションについてはどうか。

(3) 以下のポジションについて，原資産価格の変化に対応する損益図を描け。ただし，原資産の購入価格と権利行使価格は共に1,000円，オプション料はすべて50円とする。

　1) コールオプションの買いとプットオプションの買い

　2) 原資産買いとコールオプションの売り

(4) 以下のポジションについて，原資産価格の変化に対応する損益図を描け。ただし，オプション料はすべて50円とする。

　1) 行使価格700円のプットオプションの買いと行使価格900円のコールオプションの買い

　2) 行使価格700円のプットオプション1つの売りと行使価格700円のコールオプション2つの売り

参考文献

葛山康典『企業財務のための金融工学』朝倉書店，2003年

仁科一彦『現代ファイナンス理論入門〈第2版〉』中央経済社，2004年

古川浩一／蜂谷豊彦／中里宗敬／今井潤一著『コーポレート・ファイナンスの考え方』中央経済社，2013年

ジョン・C・ハル著，小林孝雄監訳『先物・オプション取引入門』ピアソン・エデュケーション，2001年

Black, F. and M. Scholes（1973），"The Pricing of Options and Corporate Liabilities", Journal of Political Economy 81（3）: 637-654

Cox, J. C., S. A. Ross, and M. Rubinstein（1979）．"Option pricing: A simplified approach". Journal of Financial Economics. 7（3）

9 | 資金調達

齋藤正章

《**学習のポイント**》企業活動を財務面から見た場合，資金調達は経営活動の
出発点であるといえる。資金の調達源泉にはさまざまなものがあるが，これ
らを整理するには企業が作成する貸借対照表の右側（貸方^{かしかた}）にあてはめて考
えるとよい。また，企業の資金調達における外部金融のうち，間接金融につ
いて学ぶ。さらに，内部金融等その他の金融手段についても解説する。
《**キーワード**》 直接金融，間接金融，企業間信用，自己金融，普通株式，種
類株式，普通社債，新株予約権付社債，減価償却，CP（コマーシャル・ペー
パー），銀行，借入金，内部金融

1. 資金調達の種類

(1) 資金の調達と運用

　企業の経営活動を財務面からみると，資金を調達してこれを運用し，
利害関係者に再配分する活動であるといえる。この資金の調達と運用を
表すために作成される計算書類が貸借対照表である。

　図9-1のように資金調達は貸借対照表の右側（貸方^{かしかた}）で表現される。
負債は，将来，返済する約束で調達された資金源泉であり，債権者持分
ないし他人資本とも呼ばれる。純資産は，株主（所有者）から調達され
た資金源泉であり，資産の総額から負債の総額を控除して求められ，株
主持分ないし自己資本とも呼ばれる。資金を他人資本で調達するか，自
己資本で調達するかは，負債と純資産の比率（資本構成という）を決定
することでもある。資本構成のあり方は，企業の財務安全性をはかる1

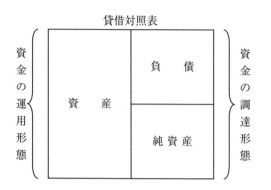

図9−1　資金の調達と運用
　　　　（貸借対照表）

つの尺度となる。

(2)　資金調達の分類

　資金調達の方法と貸借対照表で表示される科目を対比すると図9−2のようになる。以下，図9−2に従って，各種の資金調達方法について解説する。

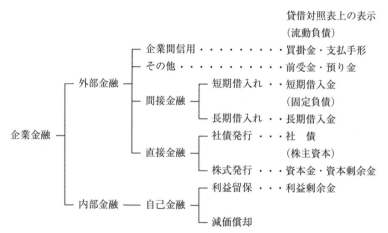

図9−2　資金調達の種類と貸借対照表上の表示

(3) 外部金融と内部金融

　企業の資金調達を企業金融（ファイナンス）という。企業金融は，外部金融と内部金融に大別される。外部金融は，企業外部から資金調達する方法で，直接金融，間接金融，その他に細分される。ここで，直接金融とは，株式や社債などの証券を発行して資本市場から投資家の資金を直接調達する方法をいう。具体的には，株式による株主資本の調達や社債，コマーシャル・ペーパー（CP）といった負債による調達が挙げられる。また，間接金融とは，金融機関を通じて市場から間接的に資金調達する方法をいう。

　内部金融は，自己金融ともいい，企業内部で資金調達する方法のことである。これには減価償却と利益留保がある。内部調達なので，配当金や利息の支払いのないことが特徴である。また，その調達額には限界がある。なお，減価償却額は，貸借対照表の負債の部，純資産の部いずれにも表示されない。よって，厳密には内部金融に減価償却を含めないこともある。

2. 直接金融

(1) 株式発行による資金調達

1) 株式発行と株主の権利

　株式発行による資金調達は，まず企業の設立時に行われ，その後，増資という形で行われる。ここで，株式とは株式会社の資本金と資本剰余金の構成単位で証券化されたものをいう。株式発行によって調達された資金は，企業の清算などの特別な場合を除き，資金提供者である株主への返還義務がないことから，企業における最も安定した資金であるといえる。一方，株式の所有者である株主は，企業の所有者としての性格を

有する。また，株主は資金提供と引き換えに，基本的な3つの権利を手に入れる（会社法105条）。

　①剰余金の分配を受ける権利

　②残余財産の分配を受ける権利

　③株主総会における議決権

「剰余金の分配を受ける権利」とは剰余金に対して株主が配当を受け取る権利をいう。「残余財産の分配を受ける権利」とは，企業が倒産したり解散する場合に，すべての債務を返済した後の残余財産の分配を受ける権利をいう。「株主総会における議決権」とは，株主が株主総会に参加し，経営に参加する権利をいう。

　また，会社法105条第2項では，①および②の権利については，「その全部を与えない旨の定款の定めは，その効力を有しない」としている。

2）株式の種類

　株主に付与される3つの権利を満たす株式を普通株式という。それに対し，これらの権利に何らかの限定がついているものを種類株式という。種類株式について，会社法第108条は，次の9つを規定している（ただし，⑨については委員会設置会社及び公開会社については発行不可）。

　①剰余金の配当

　②残余財産の分配

　③議決権制限株式

　④譲渡制限株式

　⑤取得請求権付株式

　⑥取得条項付株式

　⑦全部取得条項付株式

　⑧拒否権付株式

　⑨取締役，監査役の選任・解任権付株式

①，②については，優先株式と劣後株式が挙げられる。優先株式とは，配当や残余財産の分配に関して普通株に優先する権利が認められている株式である。ただし，株主総会における議決権は認められない。また，劣後株式は，普通株に比べ，配当や残余財産の分配に関して劣後的に扱われる株式で後配株式ともいう。

③は，株主総会において議決権を行使することができる事項を定めた株式をいう。④は，譲渡による当該種類の株式の取得について当該株式会社の承認を要する株式をいう。⑤は，当該種類の株式について，株主が当該株式会社に対してその取得を請求することができる株式をいう。⑥は，当該種類の株式について，当該株式会社が一定の事由が生じたことを条件としてこれを取得することができる株式である。⑦は，当該種類の株式について，当該株式会社が株主総会の決議によってその全部を取得することができる株式をいい，⑧は，株主総会において決議すべき事項のうち，当該決議のほか，当該種類の株式の種類株主を構成員とする種類株主総会の決議があることを必要とする株式をいう。

企業はその目的に応じて，普通株式および種類株式を発行して資金調達を行うのである。

(2) 社債による資金調達
1）社債とは

社債とは，企業が必要とする資金を大量に集めるために発行する，一定単位に細分された債券のことをいう。社債は負債であるので，企業収益に関わらず約定された一定の利子を支払わなければならない。また，満期日には払込金額に関係なく，社債券面に記された社債金額を償還しなくてはならない。

社債は，発行に当たって一定の条件が決められる。主要な条件として

は以下のものが挙げられる（会社法第 676 条より抜粋）。

①募集社債の総額

②募集社債の利率

③募集社債の償還の方法及び期限

④各募集社債の払込金額（各募集社債と引換えに払い込む金銭の額
をいう。若しくはその最低金額又はこれらの算定方法）

ここで，募集社債とは，企業の募集に応じてその社債の引受けの申込
みをした者に対して割り当てる社債をいう。①は，満期において償還さ
れる社債金額（額面）の総額である。②は，クーポン・レートともいい，
額面金額にこれを掛けることによって利息の支払額が計算される。③は，
満期償還か途中償還か，および償還期日（満期日）をいう。④は，発行
価額（額面発行か割引発行か）についてである。

2）社債の種類

社債は，権利のあるなしといった性質によって，普通社債と新株予約
権付社債とに分けられる。普通社債とは，特殊な権利の付与されていな
い社債で，一般に社債というとこの普通社債を指すことが多い。新株予
約権付社債は特定の権利が付与された社債のことをいう。また，社債は，
物上担保が付されているか否かにより，担保付社債と無担保社債に分け
られる。最近では，無担保社債の起債条件が徐々に緩められていること
もあって，無担保社債の割合が増えてきている。さらに，募集形態によ
り公募債と私募債，券面などの形態により記名式と無記名式，利払方式
によって利付債と割引債とに分類される。

新株予約権付社債に付与される新株予約権とは，社債権者があらかじ
め定められた一定期間（行使請求期間）内に，一定価格（行使価格）で
新株を購入できる権利をいう。新株予約権付社債は，新株予約権を行使
した払い込み方法によって 2 種類に分けられる。1 つは，新株予約権の

行使に伴って新株取得に必要な金額を新たに払い込むもので，権利行使後の新株予約権付社債は普通社債となる。企業にとっては新株発行額分の増資となる。もう1つは，新株予約権付社債の金額が新株の払い込みに充当されるもので，これは社債が資本金（もしくは資本剰余金）に転換されたと見ることができる。この場合，社債権者の権利行使は企業にとって新たな資金調達とはならない。

3. 間接金融

(1) 銀行借入れによる資金調達

　銀行からの借入れによる資金調達は，企業と資金提供者との間に直接的な関係がないため間接金融と呼ばれる。借入金は弁済義務があるので，借入期間（1年以内，1年超）によって流動負債，固定負債に分類される。銀行借入れは，社債発行に比べると手続きが簡単で，また中小企業のように社債発行が困難な場合もあり，多くの企業にとって最も身近かつ重要な資金調達手段となっている。

　銀行借入れの方法には，証書借入れ，手形借入れ，手形割引，当座借越がある。一般に，証書借入れおよび手形借入れは長期資金の調達に，それ以外の方法は短期資金の調達に利用される。

　証書借入れとは，企業と銀行の間で借用証書を交わして資金を調達する方法で，通常は担保が提供される。手形借入れとは，手形によって金銭貸借を行う方法で，この手形を金融手形という。手形割引とは，満期日前に金融機関に手形を買い取ってもらい，手形代金を現金化することである。当座借越とは，企業が小切手の振出しや決済をスムーズに行うために，当座預金勘定の残高が一時的にゼロになった場合でも，一定限度内であれば決済を可能にする当座借越契約を銀行と結び，不足額を銀

行に支払ってもらうことをいう。

(2) 企業間信用，その他の資金調達

1) 企業間信用

　企業間取引では，代金決済を現金ではなく信用で行うことが多い。つまり，後払いの約束で商品を仕入れたり，後受取りの約束で商品を販売するのである。商品の仕入れによって生じる債務を仕入債務といい，買掛金と支払手形，電子記録債務がある。仕入債務は，支払いを猶予されている状態なので，信用を供与されている間はその金額だけ資金調達をしたのと同じ効果がある。一方，商品の販売によって生じる債権を売上債権といい，売掛金と受取手形，電子記録債権がある。この場合，相手企業に資金を融通するのと同様の効果がある。したがって，信用取引による資金調達額（または不足額）は，仕入債務から売上債権を控除した額となる。

2) 前受金・預り金

　商品売買で信用取引が行われる一方で，商品購入を確実にするために，商品売買に先だって商品代金の一部または全部を予約金（あるいは内金）として授受することがある。この予約金の受払いに際しては，受取側は相手側に商品を引き渡す義務が発生する。この債務を前受金という。前受金も商品を引き渡すまで，その金額を資金調達したのと同じ効果を持つ。また，従業員等が企業外部の関係者に本来支払うべき資金を企業が一時的に預かった場合には，従業員等に代わって外部者に支払う義務が生じる。例えば，従業員の健康保険料や所得税の源泉徴収額を預かった場合が挙げられる。この債務を預り金という。預り金も企業外部への支払いが行われるまで，その金額を資金調達したのと同じ効果を持つ。

3) CP（コマーシャル・ペーパー）

　CP とは，企業が短期資金の調達を目的として発行する無担保の約束手形をいう。発行企業は，ディーラー（仲介業者）または直接に投資家との間で，発行金額，期間，金利などの条件を取り決めて，CP 約束手形を振り出す。通常は割引方式で発行される。当初は，発行企業や発行形態，発行期間，発行額などについて多くの規制があったが，その後，規制の撤廃が順次行われ，発行体にとって利便性が大きく向上した。さらに，2003 年には電子 CP の発行も始まり，以来電子 CP が主流となっている。

4. 内部金融

(1) 利益の内部留保

　企業が生み出した利益は，配当などによって社外に流出しなければ企業内に留保される。これを利益の内部留保といい，その金額を留保利益という。留保利益があると，その分だけ資産の運用が行われる，つまり事業に再投資されていると考えられるので，資金調達効果があると言える。留保利益は，外部金融とは違い，資金の返済および利息や配当金の支払いがないことから，最も安定した資金源であるといえる。しかし，当期利益や配当政策によって大きく影響を受けるのも特徴である。

(2) 減価償却

　減価償却とは，土地を除く有形固定資産の使用可能額を使用期間内に費用として配分する手続きをいい，そのとき計算される費用を減価償却費という。手続的には，減価償却費を計上し，その分だけ有形固定資産の評価額を減少させる。減価償却の手続きは，適正な期間損益計算を行うために行われるのであるが，財務的には減価償却費に相当する現金支

出は存在しない。したがって，減価償却費相当額が企業内部に留保されることになり，同額の資金調達効果が生じる。しかし，減価償却による資金は，有形固定資産が流動資産化したものなので，新たな資金を調達したわけではない。つまり，貸借対照表の貸方合計額は増加しない。そのため，減価償却は厳密な意味で資金調達とはいえないのである。

5．日本企業の資金調達の現状

　わが国企業の資金調達はどのようになっているだろうか。財務省の財務総合政策研究所が発行している『財政金融統計月報』の「法人企業統計年報」から2010年（平成22年）～2019年（令和元年）までの標本企業の，仕入債務，短期借入金，社債，長期借入金，株式，内部留保について，その割合を示したものが以下の図表（データを元に筆者作成）で

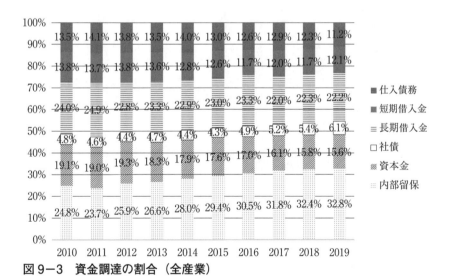

図9-3　資金調達の割合（全産業）

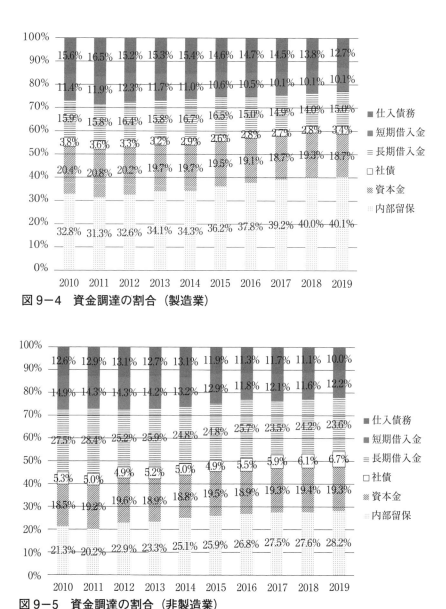

図9−4　資金調達の割合（製造業）

図9−5　資金調達の割合（非製造業）

ある。

　まず，全体的な傾向として短期借入金，長期借入金といった間接金融
が若干減少し，内部留保が増加していることが分かる。また，内部留保，
長期借入金の割合が高い（図表 9-3）。製造業と非製造業を比較すると，
製造業の方がさらに内部留保が厚い。これは，製造業が生産設備等の有
形固定資産に依存しており，この有形固定資産を支えるために安定した
資金源として最も望ましい利益の内部留保が選好されていると解釈する
ことができる。

学習課題

(1)　株式による資金調達と社債による資金調達の共通点と相違点につい
　　て説明しなさい。
(2)　企業間信用による資金調達にはどのようなものがあるか列挙しなさ
　　い。
(3)　新株予約権付社債には性質上，2 種類あるが，その違いについて説
　　明しなさい。

参考文献

大塚宗春・佐藤紘光　『ベーシック財務管理（第 2 版）』同文舘出版，2009 年
財務総合政策研究所　「法人企業統計年報」（令和元年度報）『財政金融統計月報』
2020 年 10 月

10 | 財務諸表と財務業績の測定

齋藤正章

《**学習のポイント**》資金の調達と運用の結果を示す財務諸表について理解しよう。財務諸表には，貸借対照表，損益計算書，キャッシュ・フロー計算書等がある。その読み方と分析方法について学習する。
《**キーワード**》貸借対照表，損益計算書，キャッシュ・フロー計算書，株主資本等変動計算書，収益性の分析，資本利益率，総資産回転率，安全性の分析，インタレスト・カバレッジ・レシオ

1. 財務諸表（貸借対照表，損益計算書，キャッシュ・フロー計算書）

　財務諸表は企業における資金の調達と運用の結果を示す計算書類である。企業に資金を提供している株主や債権者は，この書類を見て，過去に行ったファイナンス（出資や貸付け）が期待どおりの成果を挙げているかどうかを判断する。資金を供給されている企業には，それらの書類を通じて財務情報を定期的に報告する義務が課せられる。最初に，「金融商品取引法」の適用対象となる上場会社などの企業が「有価証券報告書」に記載するために作成する財務諸表を対象にして，その読み方と分析方法を解説する。

　表10-1はA株式会社の連結財務諸表を示している。連結財務諸表は，支配従属関係にある2つ以上の会社からなる企業集団を1つの組織体とみなして，親会社（A社）が当該企業集団に関する財務状況を報告し

表 10−1　連結財務諸表（A 株式会社）

(1) 連結貸借対照表　　（単位：億円）

資産の部	第 101 期	第 102 期	負債・純資産の部	第 101 期	第 102 期
Ⅰ　流動資産			Ⅰ　流動負債		
現金・預金	30	10	支払手形・買掛金	200	205
受取手形・売掛金	350	410	短期借入金	175	195
たな卸資産	100	130	流動負債合計	375	400
前払費用	20	10	Ⅱ　固定負債		
流動資産合計	500	560	長期借入金	225	275
Ⅱ　固定資産			負債合計	600	675
有形固定資産	800	870	Ⅲ　純資産		
減価償却累計額	△300	△330	資本金・資本剰余金	300	300
固定資産合計	500	540	利益剰余金	100	125
			純資産合計	400	425
資産合計	1,000	1,100	負債・純資産合計	1,000	1,100

(2) 連結損益計算書（第 102 期）（単位：億円）

Ⅰ　売　上　高		3,000
Ⅱ　売上原価		2,400
売上総利益		600
Ⅲ　販売費・一般管理費		480
営業利益		120
Ⅳ　営業外費用		
支払利息		20
税金等調整前当期純利益		100
法人税等		30
当期純利益		70

(3) 株主資本等変動計算書（102期：単位：億円）

	株主資本			純資産合計
	資本金 資本剰余金	利益剰余金	株主資本合計	
前期末残高	300	100	400	400
当期変動額				
当期純利益		70	70	70
剰余金の配当		−45	−45	−45
当期変動額合計		25	25	25
当期末残高	300	125	425	425

(4) キャッシュ・フロー計算書（第102期）（単位：億円）

（直接法）		（間接法）	
Ⅰ営業活動によるキャッシュ・フロー		Ⅰ営業活動によるキャッシュ・フロー	
営業収入	2,940	税金等調整前当期純利益	100
商品の仕入支出	△2,425	減価償却費	30
販売費・管理費支出	△440	支払利息	20
小計	75	売上債権の増加額	△60
利息の支払額	△20	たな卸資産の増加額	△30
法人税等の支払	△30	仕入債務の増加額	5
営業活動によるキャッシュ・フロー	25	前払費用の減少額	10
Ⅱ投資活動によるキャッシュ・フロー		小計	75
有形固定資産の取得による支出	△70	利息の支払額	△20
投資活動によるキャッシュ・フロー	△70	法人税等の支払額	△30
Ⅲ財務活動によるキャッシュ・フロー		営業活動によるキャッシュ・フロー	25
短期借入による収入	20	Ⅱ以下は（直接法）と同じ	
長期借入による収入	50		
配当金の支払額	△45		
財務活動によるキャッシュ・フロー	25		
Ⅳ現金及び現金同等物の減少額	△20		
Ⅴ現金及び現金同等物の期首残高	30		
Ⅵ現金及び現金同等物の期末残高	10		

たものである（A 社単体の書類を個別財務諸表という。なおここでは，少数株主持分などの連結特有の勘定科目は除外している）。貸借対照表は，財政状態を明らかにするために一定時点において企業（報告主体）が保有するすべての資産，負債，純資産を記載したものである。資産は，経済活動を遂行するために企業が保有する財貨や法律上の権利の総称であり，調達された資金がどのように運用されているかを表す。他方，資金の調達源泉の相違を表すのが負債と純資産である。負債は，将来，返済する約束で調達された資金源泉であり，債権者持分ないし他人資本とも呼ばれる。純資産は，株主（所有者）から調達された資金源泉であり，資産の総額から負債の総額を控除して求められる。株主持分ないし自己資本とも呼ばれる。資産が負債を上回る（下回る）場合，純資産額はプラス（マイナス）になる。この状態を資産超過（債務超過）と呼ぶ。プラスの純資産額が資本金を上回る場合，その超過額を剰余金という。剰余金は，資本剰余金と利益剰余金に区分される。資本金と資本剰余金は株主の拠出額（元金）を表し，利益剰余金は，企業が獲得した利益（果実）のうち株主に分配せずに社内に留保している金額を表す。

　流動資産（流動負債）と固定資産（固定負債）は「営業循環基準」と「1 年基準」によって区分される。営業循環基準は，営業循環の過程にあるものはすべて流動資産（流動負債）とする基準である。流動資産から流動負債を控除した差額を正味運転資本という。1 年基準は，1 年以内に現金化ないし費用化されるもの（または，1 年以内に返済期日が到来するもの）を流動資産（流動負債），1 年以上を要するものを固定資産（固定負債）とする基準である。

　損益計算書は，一定期間の経営成績を明らかにする報告書である。企業活動によって 1 期間にどれだけの収益が獲得され，そのためにどれだけの費用が発生したかを対応させ，収益から費用を控除して純利益（な

174

いし純損失）が算出される。純利益（純損失）は，純資産の増加（減少）要因である。税金等調整前当期純利益は，個別財務諸表における「税引前当期純利益」に相当する。これから法人税等を控除して当期純利益が求められる。実効税率が30％になっていることを確認しよう。当期純利益は，配当財源になるという意味において，株主にとって最も関心の高い業績指標である。しかし，当期純利益は利息や税金を支払った後の数値であり，ファイナンス（資金調達）や税率の影響を受けるため，事業自体の収益性を判断する指標としては，それらの影響を受けない概念である「営業利益」が重視される。A社の場合，特別損益（固定資産売却損益や災害損失などの期間を超越する損益）がないので，営業利益は利払および税引前利益（EBIT：earnings before interest and tax）に一致する。

　株主資本等変動計算書は剰余金の増減を明らかにする。×2年期首の利益剰余金は株主配当によって45億円減少したが，当期純利益が70億円獲得されたことによって，内部留保が25億円増加している。

　キャッシュ・フロー計算書は，1会計期間における現金（および現金同等物）の変動状況を示す計算書類である。損益計算における収益と費用は，現金主義（現金の収入・支出）ではなく，発生主義（経済的価値の増加・減少）に基づいて認識されるので，一般に，営業収益＝営業収入，営業費用＝営業支出，という関係が失われ，経営者が選択する会計方法（収益・費用の認識・測定ルール）に応じて，会計上の利益は変化する。そのため，ときに，資金の裏づけのない利益が計上される余地が生まれる。それに比べると，キャッシュフローは，客観的証拠に基づいて記録されるから，経営者の恣意的な判断が入り込む余地が局限される。「利益は1つのオピニオンに過ぎないが，キャッシュは事実である」といわれる所以である。また，「勘定合って銭足らず」という格言にある

ように，利益がいかに黒字であっても資金がショートすれば，企業は倒産の憂き目に会う。そうした事態に陥らないようにするためにも，キャッシュフローを重視する経営が望まれるのである。

　キャッシュ・フロー計算書では，1 会計期間のキャッシュフローは，(1) 営業活動，(2) 投資活動，(3) 財務活動の 3 つに区分して表示される。(1) には，商品およびサービスの販売収入，商品およびサービスの購入支出などのほか，(2) と (3) 以外の取引から生じるキャッシュフローが含まれる。(2) には，固定資産や有価証券の取得および売却などに関わるキャッシュフローが，(3) には，資金の調達と返済に関わるキャッシュフロー，例えば，借入金の借入・返済，株式の発行収入，自己株式の取得による支出，配当金の支払などが含まれる。営業キャッシュフローから投資キャッシュフローを控除した残額をフリーキャッシュフローという。プラスのフリーキャッシュフローは，株主や債権者への支払にあてる現金や企業内に積増しできる現金が生み出されたことを意味する。マイナスのフリーキャッシュフローは，不足分を株主や債権者からの資金調達によって補充しなければ，現金保有の減少を招くことになる。したがって，企業がどれほどの現金創出能力を有しているかは，営業キャッシュフローの大きさで判断される。

　営業キャッシュフローの算出方法には，主要な取引ごとに収入と支出を表示する「直接法」と，税金等調整前当期純利益に必要な調整を施して表示する「間接法」がある。

　「直接法」から説明しよう。売上高の中には信用販売によるものが含まれているから，売上高と現金回収額（営業収益）の間には，売上債権（受取手形・売掛金）の期首残高（350 億円）から期末残高（410 億円）を控除した金額だけ不一致が生じる。マイナスの差額は現金回収の減少要因となるから，営業収入は 2,940 億円（＝3,000＋350－410）になる。

同様に，仕入高と現金支払額（商品の仕入支出）の間には，仕入債務（支払手形・買掛金）の期首残高（200億円）から期末残高（205億円）を控除した金額だけ不一致が生じる。マイナスの差額は，債務の増加を意味するから，現金支出の減少要因となる。当期仕入高は，売上原価＝期首棚卸高＋当期仕入高－期末棚卸高，の算式に当てはめると，2,430億円（＝2,400－100＋130）になるから，仕入支出は2,425億円（＝2,430＋200－205）となる。販売費・管理費支出を求めるには，まず，損益計算書の販売費および管理費には減価償却費が30億円（＝330－300）含まれているが，これは有形固定資産の価値の減少額を費用として計上したものであり，現金支出を伴わない費用（non-cash cost）であるから，これを控除しなければならない。同様に，前払費用の期首残高から期末残高を控除した金額だけ現金支出を伴わない費用が含まれているから，同額の減算が必要になる。したがって，販売費・管理費支出は440億円（＝480－30－（20－10））になる。

　次に「間接法」を説明しよう。損益計算においては，前述したように，発生主義に従って，減価償却費などの現金支出を伴わない費用が計上されているから，利益から営業キャッシュフローを逆算するには，これらの非資金営業損益項目を除去しなければならない。さらに，税金等調整前当期純利益は，支払利息（などの営業外費用）を控除した後の数値であるから，これを一度加算した上で減算していることに注意しよう（支払利息は営業費用ではないという観点からすると，この減算処理だけを「営業活動」から「財務活動」区分に移すことも可能である）。さらに，営業活動に関わる資産・負債項目の増減を加える。

　こうして求めた小計から，営業外の支出項目である利息の支払と法人税の支払を控除すると，営業キャッシュフローが求められる。

　営業活動に関わる資産・負債の期首残高と期末残高の間にほとんど変

化がなければ，税引前の営業利益と減価償却費の合計額はほぼ税引前の営業キャッシュフローに一致すると考えてよい。したがって，営業キャッシュフローの数値がそれらの合計額よりも著しく少ない場合には，その前提が崩れていることを意味するから，収益の過大計上や費用の過小計上による「利益の水増し」の可能性を疑わなければならない。

　25 億円の営業キャッシュフローから，投資活動に 70 億円（＝期末有形固定資産 870－期首有形固定資産 800）が使われているから，外部からファイナンスをしなければ，現金残高は 45 億円だけ減少することになる。財務活動によるキャッシュフローは，企業が株主および債権者との間でどのような資金授受を行ったかを表示する。長期と短期の借入により合計 70 億円を調達し，株主に 45 億円の配当を支払っている。ネットで 25 億円のファイナンスがなされた結果，最終的に現金残高は 20 億円のマイナスに留まっている。現金預金の期末残高が期首残高よりも 20 億円減少したのは，そのためである。

2. 財務業績の測定

　財務諸表はさまざまな視点から分析される。株主の立場からは，企業の収益性や成長性が重視されるだろうし，元金と利息の支払能力に関心のある債権者の立場からは，収益性だけでなく安全性が重視されるであろう。以下，財務諸表のデータからどのような分析ができるかを A 社の数値を用いながら解説しよう。

(1) 収益性の分析

　利益を獲得する能力を収益性という。利益の絶対額は規模の影響を受けるから，利益額だけでなく，それを獲得するのにどれだけ資本が投入

されているかを同時に考慮しなければならない。つまり，収益性の良し
あしはアウトプット（利益）とインプット（投下資本）を対比して判断
されるのである。

　株主に帰属する利益は当期純利益であり，株主が提供しているのは株
主資本（自己資本）であるから，株主にとって最も重要な収益性指標は，
次式で定義される株主資本利益率（ROE：return on equity）である。

$$ROE = \frac{\text{当期純利益}}{\text{株主（自己）資本}} = 70/400 = 17.5\% \qquad (10-1)$$

この比率によって，株主の投下資本がどれほど有効に使われているかを
判断することができる。1年間に行われたすべての企業活動の結末がこ
の数値に集約されるという意味において，ROE は最も包括的な収益性
指標といえる。分母は期首と期末の平均をとるのが通例であるが，論議
を簡明にするために，ここでは×2期首残高を用いている。A 社の
ROE は17.5％と計算されるが，日本企業の平均 ROE は，近年，長期に
わたって低迷しており，10％を大きく下回っている。20％を超えるとい
われる米国の有力企業の平均と比べると著しく見劣りするのが現状であ
る。株主重視の経営が叫ばれる所以である。

　企業が使用する資本は自己資本だけではない。債権者から調達した資
本も利益の獲得に貢献しているはずである。したがって，経営の立場か
らは，使用資本の全体に対して定義される収益性指標が有用となる。次
式の総資産利益率（ROA：return on asset）はその1つである。

$$ROA = \frac{\text{営業利益}}{\text{総資産}} = 120/1,000 = 12\% \qquad (10-2)$$

分母の総資産（＝総資本）は負債と自己資本の合計であるから，それに
対応する分子には負債のコストや税金を控除する前の営業利益（EBIT）
が選ばれている。ROA は，売上高を媒介にすると次の2つの比率に分

解される。

$$ROA = \frac{営業利益}{売上高} \times \frac{売上高}{総資産}$$

$$= 売上高営業利益率 \times 総資産回転率 \qquad (10-3)$$

　売上高営業利益率は，売上高1円当たりどれだけの営業利益が獲得されるかを表す比率である。したがって，採算性の良しあしを測る尺度になる。総資産回転率は，総資産1円当たりどれだけの売上高を生み出せるかを表す比率であるから，資産利用の効率性を測る尺度となる。A社の場合，売上高営業利益率は4%（＝120/3,000），総資産回転率は3回（＝3,000/1,000）と計算される。いずれの比率も高くなるほど，ROAは増大する。それぞれの値は業種によって異なるが，一方を高めようとすると他方の低下を招くという背反関係があるのが通例であるから，それをいかに打破するかが経営の課題となる。売上高営業利益率を高めるには，次の指標の改善が必要となる。

$$売上総利益率 = \frac{売上総利益}{売上高} = 600/3,000$$

$$= 20\% \qquad (10-4)$$

$$販売費および一般管理費率 = \frac{販売費および一般管理費}{売上高}$$

$$= 480/3,000 = 16\% \qquad (10-5)$$

総資産回転率を高めるには，運転資本や固定資産の管理を通じて，次の指標の改善が必要となろう。

$$売上債権回転率 = \frac{売上高}{平均売上債権} = 3,000/380 = 7.89 \quad (10-6)$$

$$棚卸資産回転率 = \frac{売上原価}{平均棚卸資産} = 2,400/115 = 20.87回(10-7)$$

$$固定資産回転率 = \frac{売上高}{平均固定資産} = 3,000/520 = 5.77回 \quad (10-8)$$

なお, 回転率の計算では, 分母の資産は期首と期末の平均をとっている。

(2) 安全性の分析

　企業にとって, 利息の支払は債権者に約束したものであるから, 利益がどのように変動しようと, 固定的に発生する。その限りでは債権者はリスクを負担しない立場にある。しかし, 企業が倒産すると, 利息だけでなく元金の回収も困難となるから, 債権者はそのリスクを負っている。財務の安全性を分析する目的は, 債権者のそのような立場から, 債務の弁済能力を明らかにすることにある。

　短期の返済能力（流動性）は, 近い将来に返済を要する流動負債とその支払手段となる流動資産のバランスによって表される。次式の流動比率がそれである。

$$流動比率 = \frac{流動資産}{流動負債} = 560/400 = 140\% \quad (10-9)$$

この計算は×2期の数値に基づいている。流動比率が100％未満である場合, 短期の支払能力に疑問符がつく。150％を超えていることが望ましいといわれる。しかし, 流動資産の中には, 販売過程を経なければ現金化されない資産（棚卸資産）や現金回収を予定しない資産（前払資産）が含まれているので, 流動性をより厳格に判断するには, それらを除外する必要がある。この比率を当座比率という。

$$当座比率 = \frac{当座資産}{流動負債} = 420/400 = 105\% \quad (10-10)$$

当座資産には, 現金預金, 短期保有有価証券, 売上債権が含まれる。当座比率は, 酸性試験比率ないしクイック・レシオとも呼ばれる。この比

率は 100％を超えることが望ましいといわれる。

　流動性を表すこれらの指標は，一定水準を上回ることが要求されるが，高ければ高いほど良いというものではない。増資などによって現金保有額を大きくすれば流動性を高めることはできる。しかし，資本の利用には必ずコストが発生するから，必要以上に流動性を高めるのは好ましくない。つまり，どの程度の安全性を追求するかは，収益性の観点から判断すべきであろう。

　短期の支払能力を改善できるか否かは，直接的には，長期資金を潤沢に調達できるかどうかにかかっている。また，固定資産をどのような資金源泉で賄うかもそれに大きな影響を与える。固定資産は，キャッシュ・フロー計算書で見たように，減価償却という手続きを経て回収されるから，現金化に長期間を要する資産である。その購入資金を返済期日が早期に到来する短期の借入金で賄うとすれば，即座に流動性の低下を招くから，返済の必要がない資金源泉（自己資本）で賄うのが最良であろう。ゆえに，自己資本に対する固定資産の割合が長期的な財務の安全性を判断する指標となる。これを固定比率という。

$$固定比率 = \frac{固定資産}{自己資本} = 540/425 = 127.1\% \qquad (10-11)$$

この比率は 100％以下であるのが望ましい。しかし，わが国の平均的な企業がそうであるように，負債依存度が高い資本構成のもとではこの数値だけでは実態を見誤るおそれがある。社債などの固定負債で固定資産投資を賄うケースが大いにあり得るからである。そのため分母に固定負債を加えて修正する方法が用いられる。これを固定長期適合率という。

$$固定長期適合率 = \frac{固定資産}{固定負債 + 自己資本} = 540/700 = 77.1\%$$

$$(10-12)$$

資本構成を測る指標として、負債比率のほかに自己資本比率という尺度もよく用いられる。総資本に占める自己資本の割合である。

$$自己資本比率 = \frac{自己資本}{総資本} = 425/1{,}100 = 38.6\% \qquad (10-13)$$

企業は元金や利息の支払ができなくなったとき、つまり、債務不履行に陥ったときに倒産する。その意味において、利息の支払能力を表す次の尺度は安全性を測る指標といえる。

$$インタレスト・カバレッジ・レシオ = \frac{営業利益（EBIT）}{利子費用}$$

$$= 120/20 = 6 \; 倍 \qquad (10-14)$$

本業で稼ぐ利益によって利息を支払う余裕がどれほどあるかが、この指標で測られる。

学習課題

次の貸借対照表と損益計算書について X5 年度の (1)～(10) の比率を求めなさい。

貸借対照表 （単位：百万円）

資産の部			負債および純資産の部		
	X4 年度	X5 年度		X4 年度	X5 年度
Ⅰ　流動資産	89,277	101,651	Ⅰ　流動負債	101,836	133,005
現金・預金	4,438	17,330	Ⅱ　固定負債	67,468	60,192
受取手形・売掛金	32,148	34,417	負債合計	169,304	193,197
たな卸資産	18,165	19,105	Ⅲ　純資産		
その他	34,526	30,799	株主資本	136,571	159,860
Ⅱ　固定資産	216,598	251,406			
資産合計	305,875	353,057	負債・純資産合計	305,875	353,057

損益計算書（X5 年度）（単位：百万円）

I	売　上　高	444,263
II	売 上 原 価	320,398
	売上総利益	123,865
III	販売費・一般管理費	105,504
	営業利益	18,301
IV	営業外収益	9,522
V	営業外費用	
	支払利息	984
	その他	5,270
	税引前当期純利益	21,569
	法人税等	12,598
	当期純利益	8,971

※(1)，(2)，(8)，(10) でもちいる貸借対照表の数値は期首と期末の平均値を用いること。

(1)	総資産（営業）利益率（ROA）	(1)
(2)	株主資本利益率（ROE）	(2)
(3)	流動比率	(3)
(4)	当座比率	(4)
(5)	固定長期適合率	(5)
(6)	自己資本比率	(6)
(7)	インタレスト・カバレッジ・レシオ	(7)
(8)	総資産回転率	(8)
(9)	売上総利益率	(9)
(10)	棚卸資産回転率	(10)

参考文献

大塚宗春・佐藤紘光　『ベーシック財務管理（第 2 版）』同文舘出版，2009 年
松村勝弘・篠田朝也・松本敏史　『財務諸表分析入門―Excel でわかる企業力』ビーケイシー，2009 年

11 | 資本コスト

齋藤正章

《**学習のポイント**》資本コストとは，企業側から見れば，資金（資本）を調達するためのコストであると解釈される。また，出資者側から見れば，差し出す資金に対する見返りであるとも考えられる。第 2 章で紹介した割引計算の割引率にも資本コストが利用される。資本コストの概念はファイナンス理論において，最重要のテーマである。

《**キーワード**》資本コスト，株式資本コスト，負債資本コスト，加重平均資本コスト（WACC），MM 理論

1. 資本コストの意義

　株主，債権者などの投資家は，他企業に投資する機会を放棄して当該企業へ資本を投入しているのであるから，経営者はその資金を事業活動に投下する場合，投資家が放棄した投資機会から得られたであろう利益率（機会原価）を補償しなければ，投資家に誤った意思決定をさせたことになってしまう。この必要最低限の利益率を資本コスト（cost of capital）という。資本コストは，通常，投下資本に対する年間利益の割合（年率）で表される[1]。

　資本コストが実際よりも過大に計測される場合は，本来ならば採択すべき投資案を棄却し，評価すべき業績にペナルティを課すという誤りを犯して企業価値創造の機会を失う。逆に，資本コストを過小に計測する場合は，棄却すべき投資案を採択し，咎めるべき業績に報奨を与えると

1）投資家にとっての利益は，企業から見ればコストを意味する。本書では，資本コストを「率」を表す概念として用い，金額を表す場合は資本費用（capital charge）という用語を用いる。

いう誤りを犯して価値破壊を招く。資本コストの正確な測定が要求される所以である。

　本章では，最初に源泉別の資本コストを概説し，加重平均資本コストの算定方法を説明する。ついで，資本構成の相違が企業価値と加重平均資本コストに及ぼす影響を MM 理論に依拠して解説し，負債の利用が節税効果と財務リスクの上昇という 2 つの効果を持つことを明らかにする。

2.　源泉別資本コスト

(1)　負債の資本コスト

　負債コストの測定は比較的容易である。借入金額，借入期間，利率などが契約で取り決められ，それを遵守することが強制されるからである。一般的には，負債コスト k_D は次式を満足する値として定義される。

$$I_D = \frac{cD}{1+k_D} + \frac{cD}{(1+k_D)^2} + \cdots + \frac{cD+D}{(1+k_D)^n} \qquad (11-1)$$

　ここで，I_D は借入額，n は契約期間，c は契約金利，D は元金（償還金額），cD は支払利息である。つまり，負債コストは債権者からのキャッシュインフローと債権者への将来キャッシュアウトフローの現在価値を等しくする割引率である[2]。これは企業からの見方であるが，債権者から見るとインフローとアウトフローが逆転し，I_D は投資額（債券価額），k_D はコストではなく利回りになる。また，契約の締結時点ではすべてのパラメータが確定するが，締結後は市場の金利動向に応じて投資家が売買する債券価額 I_D（時価）は変動する。測定すべき負債コストは，契

2）例えば，額面 100 円（表面金利 2%），償還期間 5 年の社債を額面 100 円につき 93 円で割引発行した場合，資本コスト k D は，次式で求められる。

$$93 = \frac{2}{1+k_D} + \frac{2}{(1+k_D)^2} + \cdots + \frac{2+100}{(1+k_D)^5}$$

試行錯誤法で上式を解くと，$k_D \fallingdotseq 0.0355$ と計算される。

約時点のヒストリカル・レートではなくカレント・レート（時価）である点に注意しよう。満足させなければならないのは，契約時の債権者ではなく，現在の債権者であるからである。なお，赤字企業でない限り支払利息には節税効果があるので，加重平均する際は税引後が用いられる。税率を τ とすると，税引後負債コストは $(1-\tau)k_D$ になる。

(2) 優先株の資本コスト

無期限に償還されない優先株を発行して資金を調達する場合には（11-1）式と同一の方法をとることができる。I_p を優先株の市場価額，d を約定配当金，資本コストを k_p とすると，d が永久年金になるので，次式が成立する。

$$I_p = \frac{d}{k_p} \tag{11-2}$$

なお，配当金は損金に算入されないから税効果はない。

(3) 普通株の資本コスト

第6章の「CAPM」で説明したように，j社の普通株資本コスト k_{Sj} は次式のように安全利子率とリスクプレミアムに分解される。

$$k_{Sj} = r_f + \beta_j(E(r_m) - r_f) \tag{11-3}$$

ここで，r_f は安全利子率，β_j は j 証券のシステマティック・リスク，r_m は市場ポートフォリオの投資利益率，$E(r_m)$ はその期待値である。市場ポートフォリオとは市場で売買できるすべてのリスク証券に時価の相対比で分散投資をするときのポートフォリオをいう。$E(r_m)$ はリスク証券の平均利益率を表すから，$E(r_m) - r_f$ は市場ポートフォリオのリスクプレミアムとなる。以下これを市場リスクプレミアムと呼ぶ。

3.　加重平均資本コスト

　企業全体の資本コストは，源泉別資本コストを資本構成比で加重平均して求められる。例えば，企業資本が社債，優先株，普通株の３つの源泉から調達され，それぞれの構成比を W_D，W_P，W_S とすると，加重平均資本コスト WACC は次式によって求められる。ただし，$W_D + W_P + W_S = 1$ である。

$$WACC = (1 - \tau)k_D W_D + k_P W_P + k_S W_S \qquad (11-4)$$

　構成比の計算は，調達資本の簿価をベースにするか時価をベースにするか２つの考え方があるが，源泉別の資本コストは簿価ではなく時価で測定すべきであるという考え方からすれば，時価ベースによるのが首尾一貫した方法となる。数値例で計算過程を示そう。

（資料）

1)　社債の額面価額 5,000 万円（帳簿価額 @100 円, 50 万口, 時価 @95 円），
　　クーポンレート c：年率 5%，利息：毎年末１回払い，満期償還：3 年後，税率：40%

2)　優先株の発行株数 2.5 万株（株価 500 円）
　　１株当たりの配当金：20 円

3)　普通株の発行株数 10 万株（株価 400 円）
　　β：0.8　　　r_f：4%　　市場平均収益率：7%

表 11−1　資本構成

調達源泉	数　量	価　格	金　額	構成比
社　債	500,000	95	47,500,000	0.475
優先株	25,000	500	12,500,000	0.125
普通株	100,000	400	40,000,000	0.4
投下資本時価			100,000,000	1

この前提のもとでは，資本構成は表11-1のようになる。

(a) k_D の計算：$4{,}750 = 250/(1+k_D) + 250/(1+k_D)^2 + 5{,}250/(1+k_D)^3$
上式を解くと，$k_D = 6.9\%$ になる。

(b) k_P の計算：$k_P = 20/500 = 4\%$

(c) k_S の計算：$k_S = 4 + 0.8 \times (7-4) = 6.4\%$

(d) WACC の計算：$(1-0.4)6.9 \times 0.475 + 4 \times 0.125 + 6.4 \times 0.4 = 5.03\%$

上記の例では，株式の時価データを入手することができた。つまり，公開企業を前提にしたものであった。時価が存在しない非公開企業では，どのような方法が適用できるであろうか。非公開企業 M 社の数値例で考えてみよう（表11-2）。

表11-2　M 社のデータ（簿価）

	資本コスト	簿価構成比	
長期借入金	6%	6,000 万円	0.6
自己資本	10%	4,000 万円	0.4

長期借入金の税引前資本コストは契約金利6％に一致している。株主資本コスト10％は，同一業種に属する公開企業の平均的 β を (11-3) 式に適用して求められていると仮定する。税率を40％，M 社のフリーキャッシュフローを毎期1,300万円と予想しているとしよう。

自己資本（株主資本）の市場価額の理論値は，それをベースにして計算した WACC でフリーキャッシュフローを資本化した値（株主価値）と一致しなければならないはずである。このロジックを使えば，以下の計算が成り立つ。すなわち，負債と自己資本の時価ベースの構成比を x：(1-x) とすると，WACC と企業価値 MV は次のように計算される。

$$\text{WACC} = (1-0.4)0.06x + 0.1(1-x) = 0.1 - 0.064x$$

$$\text{MV} = 1{,}300 / (0.1 - 0.064x)$$

　したがって，株主価値は 1,300／(0.1−0.064x)−6,000 万円となる。長期借入金とこれとの比は，x：(1−x) に一致しなければならないから，x についての方程式が得られる。これを解くと，x = 0.356 となる。これを上式に代入すると，WACC = 7.7%，MV = 16,836 円になる。以上を要約すると，表 11−3 のようになる。

表11−3　M 社のデータ（市場価値）

	資本コスト	市場価値	構成比
長期借入金（D）	6%	6,000 万円	0.356
自己資本（S）	10%	10,836 万円	0.644

　なお，M 社の負債比率（D／S）は，0.55 となる。

4.　資本構成と企業価値

　負債の利用は加重平均資本コスト WACC や企業価値 V にどのような影響を与えるであろうか。ノーベル賞経済学者のモジリアニーとミラー（F. Modigliani and M. Miller：MM）が展開したいわゆる MM 理論に依拠してこの問題を分析しよう。現状の経営構造のもとで，毎年，減価償却費に相当する取替投資を継続していけば，毎期同額の利益が生じる定常状態を想定し，また，毎期の利益は全額株主に配当すると仮定しよう。記号の説明は以下のとおりである。

　D：負債（社債）の市場価値　　k_D：税引後負債コスト
　S：資本（普通株）の市場価値　k_S：税引後株主資本コスト
　V：企業価値（V = D + S）　　k：税引後加重平均資本コスト
　　　　　　　　　　　　　　　　　　WACC
　X：毎期の期待営業利益　　　　R：支払利息

P：毎期の期待税引前利益（＝X－R）

τ：税率

F：毎期の期待フリーキャッシュフロー

3つの資本コストは，本節では，次式のように税引後と仮定する[3]。

$$k_D = (1-\tau)\frac{R}{D} \tag{11-5}$$

$$k_S = (1-\tau)\frac{P}{S} \tag{11-6}$$

$$k = (1-\tau)\frac{X}{V} \tag{11-7}$$

ここで，$X = R + P$ であり，(11-5)(11-6) 式より，$X = (k_D D + k_S S)/(1-\tau)$ となるから，これを (11-7) 式に代入すると次式になる。

$$k = \frac{k_D D + k_S S}{V} = k_D\frac{D}{V} + k_S\frac{S}{V} \tag{11-8}$$

上式は，k が k_D と k_S の資本構成比による加重平均コスト WACC であることを示している。$V = D + S$ を上式に代入して整理すると次式になる。

$$k_S = k + \frac{(k - k_D)D}{S} \tag{11-9}$$

無借金（$D = 0$）であれば，$k_S = k$ となるのは自明である。その場合，株主は営業利益の変動性に由来するリスクだけを負担する。このリスクを営業リスク（business risk）という。売上の変動性，売上の変化率に対する営業利益の変化率の相対比（営業レバレッジ）などがこれに影響を与える。

　負債の利用は株主資本コストにどのような影響を与えるであろうか。k は営業リスクを含んでいるが，k_D はリスクのない利子率と考えてよいから，$k > k_D$ となり，$k - k_D$ はプラスになる。ゆえに，(11-9) 式は，

---

3) 債権者と株主は，それぞれ，毎期$(1-\tau)R$ と$(1-\tau)P$ のキャッシュフローを得るから，それぞれの現在価値は，$D = (1-\tau)R/k_D$, $S = (1-\tau)P/k_S$ となる。

負債比率（D/S）が高くなるほど株主資本コストが高くなることを示している。投下資本を同一とすれば，負債利用が進むほど株主資本が減少し，株主資本 1 単位当たりのリスク負担が増大するからである。このリスクを財務リスク（financial risk）という。

　以上から，負債の利用には節税というプラス効果のほかに財務リスクを増大させるというマイナス効果のあることがわかった。それでは，全体としての効果はどうだろうか。それは，企業価値 V と加重平均コスト k に及ぼす影響として現れる。そこで，無借金会社を U(unleveraged)，負債会社を L（leveraged）という添字で区別してそれぞれの企業価値を求めよう。フリーキャッシュフローの期待値 F は次式になる[4]。

$$F_U = (1 - \tau)X$$
$$F_L = (1 - \tau)(X - R) + R = (1 - \tau)X + \tau R$$

U 社と L 社の税金は，それぞれ，τX，$\tau(X-R)$ であるから，フリーキャッシュフローは L 社の方が負債の節税額 τR だけ大きくなることがわかる。そうすると，各社の企業価値は次式になる。

$$V_U = \frac{F_U}{k_U} = (1 - \tau)\frac{X}{k_U} \tag{11-10}$$

$$V_L = (1 - \tau)\frac{X}{k_U} + \frac{\tau R}{\frac{R}{D}} = V_U + \tau D \tag{11-11}$$

k_U は，営業リスクのみを負担するときの株主資本コストであったから，$(1 - \tau)X$ を k_U で資本化すれば，無借金会社の企業価値 V_U が求まる。借金会社の企業価値 V_L はどうであろうか。F_L は，$(1 - \tau)X$ と τR というリスクの異なる 2 つのキャッシュフローから構成されている[5]。前者は U 企業と同一であるから k_U で資本化し，後者は，節税額であり，

4) F_L のうち，$(1 - \tau)(X - R)$ は株主が受け取る配当金であり，R は債権者が受け取る利息である。要するに，営業利益から税金を引いた残りが株主と債権者に分配される原資となる。
5) F_L も k_L も負債の節税効果を反映しているから，F_L を k_L で資本化するのは誤りである。節税効果が重複計算されるからである。

確定キャッシュフローであるからリスクのない割引率（R/D）で資本化する。かくして，借金会社の企業価値 V は，毎年の節税額 τR を資本化した金額（τD）だけ高くなることがわかる。これが借金をすることのメリットである。

k_U と k_L の大小関係はどうなるであろうか。（11-7）式より，企業価値は，

$$V_U = (1 - \tau)\frac{X}{k_U}$$

$$V_L = (1 - \tau)\frac{X}{k_L}$$

であり，$V_U < V_L$ より，$k_L < k_U$ となることがわかる。つまり，節税効果による資本コストの低下が企業価値の増加をもたらすのである。これが MM 理論の結論である。以上の関係が図 11-1 と図 11-2 に示されている。

ところで，負債利用が加重平均資本コストを低め，企業価値を高めるという理屈からすると，すべての資本を負債で調達するのが合理的となる。しかし，そのような財務政策が現実的でないのは明らかである。MM 理論では市場の完全性を仮定し，投資資金が回収できなくなるような事態は想定外に置いているが，現実には，負債依存度が高まると財

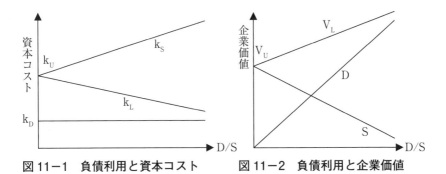

図11-1　負債利用と資本コスト　　図11-2　負債利用と企業価値

務破綻を招く可能性が高まり，倒産のコストや倒産を避けるためのコストが発生する。そうした事態が予測されるとすると，負債利用が進むと負債コストも上昇すると考えなければならない。したがって，現実的には負債利用には上限が存在する。図 11−3 は k_D の上昇に応じて平均コスト k が下降から上昇に転ずる姿を描いている。また，図 11−4 は，k が最小になる点で（D/S*）で企業価値が最大になることを示している。つまり，D/S* が最適な資本構成になるのである。

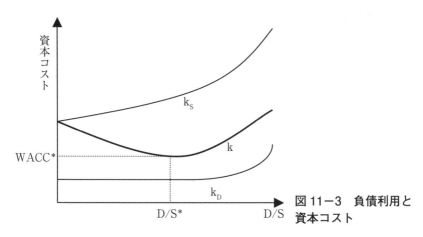

図 11−3　負債利用と資本コスト

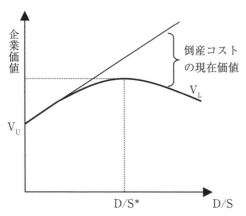

図 11−4　負債利用と企業価値

5. レバード・ベータ

　前節では，負債利用は財務リスクを発生させ，税引後の資本コストを上昇させることを指摘した。それは，資本構成の相違がシステマティック・リスク β_j に影響を与えることを意味する。より具体的には，他の条件を一定とすれば，負債比率（D/S）の高い企業の β はそうでない企業よりも大きくなる。そうすると，前述の未公開企業 M 社の WACC を算定する際に類似する公開企業の β をいくつか観察してその平均をとるという説明をしたが，それは必ずしも適切でないことがわかる。各社の資本構成が異なっているとすれば，異質のものを単純平均しても意味のある数値にならないからである。そのため，平均化する前に資本構成の相違が β に与える影響を排除しておくことが必要となる。

　所与の資本構成のもとで観察された β_L と資本がすべて株主資本で調達されると仮定したときの β_U との間には次の関係が存在する。

$$\beta_U = \beta_L \big/ (1 + (1 - \tau)D/S) \qquad (11-12)$$

　β_L はレバード・ベータ，β_U はアンレバード・ベータと呼ばれる。負債比率（D/S）は時価で測定される。例えば，3 節の未公開企業 M 社と類似企業である X，Y，Z 各社の関連データが表 11-4 のように観察されたとしよう。税率 τ を 40％とすると，（11-12）式より，β_U はそれぞれ表の値のようになる。

表 11-4　β_U と β_L

	β_L	D/S	β_U	D/(D+S)	S/(D+S)
X 社	1.50	0.56	1.12	0.36	0.64
Y 社	1.42	0.51	1.09	0.34	0.66
Z 社	1.28	0.50	0.98	0.33	0.67
平均	1.40	0.52	1.06	0.34	0.66

β_U の平均値が求まれば，これと M 社の負債比率（D/S）を用いて，次の式によって，β_L に変換することができる。

$$\beta_L = \beta_U(1 + (1 - \tau)D/S) \qquad\qquad (11-13)$$

$\beta_U = 1.06$ と先に導出した M 社の負債比率（D/S）$= 0.55$ を（11-13）式に代入すると，β_L は，

$$\beta_L = 1.06(1 + (1 - 0.4) \times 0.55) = 1.41$$

と計算される。

学習課題

相互排他的である次の A 案と B 案のどちらを採用すべきか検討しなさい。

	1 年期首	1 年期末	内部利益率	正味現在価値（割引率 10％）
A 案	−100 億円	120 億円	20.0％	9.09 億円
B 案	−300 億円	350 億円	16.7％	18.18 億円

参考文献

大塚宗春・佐藤紘光『ベーシック財務管理（第 2 版）』同文舘出版，2009 年
齋藤正章『管理会計』放送大学教育振興会，2022 年

12 投資意思決定

齋藤正章

《**学習のポイント**》企業では調達した資金を効率よく運用（経営）すること
が求められる。そのための手段の1つとして投資決定があるが，本章では投
資意思決定の理論について学ぶ。投資決定には時間的要素があるため，
キャッシュフローを用いて判断することに注意しよう。
《**キーワード**》現在価値法，内部収益率法，税引後キャッシュフロー，会計
的投資利益率法，回収期間法，確実性等価，リスク調整割引率

1．現在価値法と内部収益率法

　投資の意思決定問題は，今投資をして後で回収するため，投資額とそ
の回収が同じタイミングで生じないという特徴がある。したがって，第
2章で説明した「貨幣の時間価値」を考慮することが必要となる。また，
回収額は税引後キャッシュフローで測定される。

　投資の可否を決定するために，投資からもたらされる効果の測定に
キャッシュフローを用い，貨幣の時間価値を考慮する方法は，DCF法
（discounted cash flow method）と呼ばれ，具体的には現在価値法と内
部収益率法が挙げられる。

(1)　現在価値法
　投資案がもたらす年々のキャッシュフローを資本コストで割引いて現
在価値を計算し，それから投資の現在価値を控除して正味現在価値

（NPV：net present value）を求め，NPV≧0 であれば採択し，NPV＜0 であれば棄却するという投資決定ルールである。ここで，資本コストとは，投資資金の調達コストであって，資金提供者が要求する年間利益率によって測定される。

いま，投資の経済命数を n 年，初期投資額を I_t（$t=1,2,3,\cdots,n$，ここで，I_0 は初期投資額，I_1 以降は追加投資額を表す），t 期のキャッシュフローを R_t（$t=1,2,3,\cdots,n$），資本コストを k とすると，正味現在価値 NPV は次式によって算定される。

$$NPV = \sum_{t=1}^{n} \frac{R_t}{(1+k)^t} - \sum_{t=1}^{n} \frac{I_{t-1}}{(1+k)^{t-1}} \qquad (12-1)$$

追加投資がない場合は，

$$NPV = \sum_{t=1}^{n} \frac{R_t}{(1+k)^t} - I_0 \qquad (12-2)$$

となる。また，R_t が毎期一定（R）であるとすると，

$$\sum_{t=1}^{n} \frac{R_t}{(1+k)^t} = R\left\{ \frac{1}{1+k} + \frac{1}{(1+k)^2} + \cdots + \frac{1}{(1+k)^n} \right\}$$

$$= R\left\{ \frac{(1+k)^n - 1}{k(1+k)^n} \right\} \qquad (12-3)$$

となる。ここで，$\dfrac{(1+k)^n - 1}{k(1+k)^n}$ を年金現価係数，R を年価（annuity）という。

例題　機首に 5 億円投資すると，その後 5 年間にわたって期末に毎年 1.35 億円の税引後キャッシュフローが見込まれる投資案がある。この投資案の資本コストを 5％とするとき，正味現在価値 NPV を求めなさい。

198

（解答）複利現価係数表（巻末）から，NPV は次のように計算される。

$$NPV = \frac{1.35}{1+0.05} + \frac{1.35}{(1+0.05)^2} + \cdots + \frac{1.35}{(1+0.05)^5} - 5$$

$$= 1.35(0.9524 + 0.9070 + 0.8638 + 0.8227 + 0.7835) - 5$$

$$= 0.8447(億円)$$

あるいは，毎年のキャッシュフローが同じなので年金現価係数表（巻末）を参照すると，k＝5％，n＝5 の年金現価係数は 4.3295 となるので，次のように計算することができる（係数の値を丸めてあるため，若干の差が生じる場合がある）。

$$NPV = 1.3 \times 4.3295 - 5 = 0.8448(億円)$$

いずれにせよ，NPV がプラスになっているので，この投資案は採択すべきであると判断される。

n を無限大にすると，年金現価係数は 1/k に収束する。したがって，無限に継続する年金 R（永続年金：perpetuity）の現在価値は R/k となる。

(2) 内部収益率法

内部収益率法は，投資案の内部収益率を求め，それが資本コスト（要求収益率）を上回れば採択し，下回れば棄却する方法である。ここで，内部収益率（IRR；internal rate of return）とは，投資案のキャッシュフローの現在価値を投資額の現在価値に等しくする（すなわち NPV をゼロにする）割引率をいう。したがって，次式を成立させる r が内部収益率となる（追加投資がない場合）。

$$\sum_{t=1}^{n} \frac{R_t}{(1+r)^t} = I_0 \qquad (12-4)$$

ただし，これを解析的に解くのは困難であるから，試行錯誤（trial and error）法もしくは表計算ソフト等によって求めるのが通例である。

P.197 の例題の内部収益率を求める場合, (12-4) 式は, 以下のようになる。

$$\frac{1.35}{1+r} + \frac{1.35}{(1+r)^2} + \cdots + \frac{1.35}{(1+r)^5} = 5$$

　この等式を成立させる r を試行錯誤法によって求めてみよう。r を 5% とした場合, NPV は 8,447 万円であったから, r の値はもっと大きいはずである。そこで, 試しに 11% とおくと, 年金現価係数は 3.6959 なので, NPV = 1.35 億×3.791 - 5 億 = - 105 万円となる。マイナスになったのは割引率が高すぎたためである。そこで, 5% と 11% の間は直線関係にあると仮定して, 補間すると, r = 10.86% (= 5 + (11 - 5) ×8,447/(8,447 +105)) となる。この値は 5% の資本コストを上回るから, 内部収益率法によっても採択すべきであると判断される。

2. 投資案の順位づけ

　相互に独立な投資案を評価する場合には, 現在価値法と内部収益率法はどちらを用いても同一の結論に到達する。しかし, 同種の代替案が多数提案され, 1 つを採択すれば自動的に他の案を棄却しなければならないような相互排他的な場合や, 資金制約のためにどれかを削らなければならないような資本配分が問題となる場合には, 投資案の順位づけが必要となる。そのようなときにはこの 2 つの決定ルールはときに矛盾する結論を出すことがある。経済命数がいずれも 2 年で投資額 I が同一である次の 2 つの投資案 A と B を考えよう。いずれも資本コスト k は 5%

表 12-1

投資案	I	R_1	R_2	r	NPV
A	100 万円	10 万円	130 万円	19%	27.44 万円
B	100	100	30	24	22.45

とする（表12-1）。

　内部収益率法によればrに注目して，B案が優位に判定されるが，現在価値法によればNPVが大きいA案が上位にランクされる。果たしてどちらの考えに従うべきか。

　このくい違いは，回収した資金Rを再投資する際の利益率の相違から生じている。内部収益率は利益率rで運用されるのに対し，現在価値法では資本コストkで運用される。このことを確認するために，R_1が再投資されると仮定しよう。そうすると，キャッシュフローの第2年度末の価値は，内部収益率法によれば$R_1(1+r)$になり，現在価値法によれば$R_1(1+k)$となる。これにR_2を加えると第2年度末のキャッシュフローの価値（終価）が計算される。投資案Bについてこれを求めると，内部収益率法では154万円，現在価値法では135万円になる。これをそれぞれの割引率で現在価値に変換し（154×0.6500，135×0.9070），それから投資額Iを控除するとNPVが計算される。内部収益率法ではゼロ，現在価値法では22.45万円になる。この結果は，再投資を明示的に考慮せずに求めた当初の結論に一致する。

　そうすると，いずれの結論を妥当とするかは，再投資収益率としていずれを適切と判断するかに依存することになる。内部収益率法の仮定の

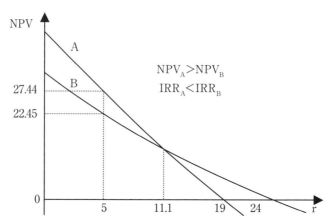

図12-1　NPVとIRRの関係

下では資本コストを上回る投資機会が他に存在しなければならないが，そのような保証が常にあるわけではない。それに対して資本コストを保証する機会は，その定義から明らかなように他にも存在するはずである。その点で現在価値法の仮定の方がより現実的であると考えられよう。

　なお，内部収益率 11.1 ％は，A 案と B 案の NPV を等しくさせる割引率に他ならないから，資本コストが（本例で仮定したように）11.1 ％以下である限り A 案を選択し，これを上回るときに B 案を選択するのが正しい判断となる。資本コストが上昇するときに B 案が有利になるのは，同案が第 1 期により大きな資金を回収し，それを運用する有利性が発揮されるからである。

3.　その他の投資決定ルール

　現在価値法と内部収益率法の他にも投資の経済性を判定する方法がある。以下に述べる 2 つの方法は時間価値を考慮しないという点で理論的には承認されないが，計算が平易なため実務ではよく利用される。

(1)　会計的投資利益率法

　次式で求める投資案の利益率が経営者の指定する水準を上回っていれば採択し，そうでなければ棄却する。

$$平均投資利益率 = \frac{平均税引後利益}{平均投資額}$$

ここで，平均利益とは投資から生じる毎年の税引後利益の平均値である。

　p.197 の投資案について毎年の税引後利益を求めると次のようになる。残存価値をゼロとする定額法による減価償却を行うことにすると，毎年の減価償却費は 1 億円（＝(5 億円−0 円)/5 年）になる。この投資案が

毎年の税引前キャッシュフローを x 億円増加させるとすると，税引前利益は（x−1）億円増加する。一方，税率を 30％とすると，税金の増加額は 0.3(x−1) 億円，税引後利益は 0.7(x−1) 億円になる。

税引後キャッシュフローの計算

税引前キャッシュフロー　　　x

減価償却費　　　　　　　　　1

税引前利益　　　　　　　　　x−1

税金（0.3）　　　　　　　　0.3(x−1)

税引後利益　　　　　　　　　0.7(x−1)

非現金支出費用　　　　　　　1

税引後キャッシュフロー　　0.7x＋0.3

　税引後キャッシュフローが 1.35 億円であったから，(0.7x＋0.3)＝1.35 という関係が成り立つ。これを解くと，x＝1.5 になる。したがって，税引前利益は 5 千万円増加し，税金の増加額が 1.5 千万円と税引後利益は 3.5 千万円になる。また，5 年間の平均投資額は 3.5 億円（（5 億円−0 円)/2）になるから，平均投資利益率は 14％（＝0.35 億円/2.5 億円）となる。

(2)　回収期間法

　次式で算定される回収期間（すなわち投資額を回収するのに要する期間）が所定の年数以下であれば採択し，そうでなければ棄却する。

$$回収期間＝\frac{投資額}{毎年の税引後キャッシュフロー}$$

　p.197 の例題でこれを計算すると，約 3.7 年（＝投資額 5÷税引後キャッシュフロー 1.35）となる。なお，キャッシュフローが毎年均一でないときはキャッシュフローを初年度から累積していって投資額に等しくなる

までに要する年月を求めればよい。

　回収期間法は回収期間経過後のキャッシュフローを無視するので，投資案の収益性を評価するものではない。それにも関わらずこのルールがよく用いられるのは，投下資本をできるだけ早く回収しようとする安全志向によるものと考えられる。

4. 税引後キャッシュフローの測定

　投資案を採択するかどうかの決定は，それがもたらす将来の増分利益（経済的効果 benefit）が投資額（経済的価値犠牲 cost）を上回るか否かによって判定される。ただし，増分利益は発生主義会計の下で測定される収益－費用によってではなく，投資した場合に発生し，投資しない場合には回避される増分現金収入と増分現金支出の差（キャッシュフロー）として定義されることは前述したとおりである。

　先の例で見たように，キャッシュフローと会計上の増分利益は一致しない。両者を乖離させる主たる要因は，減価償却費と法人税である。投資資産の毎年の減価償却費は会計上の費用を構成するが，現金支出を伴わないから，キャッシュフローには含まれない。他方，利益に対して課される法人税は，現金流出を伴うが会計上の費用には含まれない。このため発生主義会計で測定される増分収益と増分費用から税引後キャッシュフローを求めるには，減価償却費と税効果の調整が必要となる。資産の売却などがなく，収益が現金流入額に一致し，減価償却費以外のすべての費用が税引前現金流出額に一致すると仮定すると，両者を調整する計算式は次のようになる。

　　　税引後キャッシュフロー＝税引前キャッシュフロー　－法人税等
　　　　　　　　　　　　　　　＝収益－減価償却費以外の費用　－法人税等

204

ただし，法人税等＝税率×（税引前キャッシュフロー −減価償却費）

(1)　取替投資の是非

　当社は，5年前に5,000万円で購入した機械を使用している。この機械は耐用年数10年，残存価額をゼロとする定額法で減価償却されている。当社は目下この取替えの是非を検討している。新機械の購入価額は7,500万円，経済命数は5年（残存価額ゼロ），5年後の処分価額は50万円と予想される。現有機械と比較して，新機械は毎年の操業費を1,700万円節約する。現有機械は現在1,800万円の処分価額を持っている。新機械も同一の減価償却法を採用する。税率を30%，資本コストを8%とするとき，現在価値法によってこの取替投資の是非を判断せよ。

【解答】

　現状の減価償却費控除前営業利益（税引前キャッシュフロー(CF)）をyとすると，各年度の税引後CFは以下のように計算される。（単位：万円）

　新機械正味投資額：7,500−1,800 ＝ 5,700

＜第1年度＞	現状①	取替②	差額②−①
税引前 CF a	y	y＋1,700	1,700
減価償却費 b	500	1,500	1,000
機械売却損 c	−	700	700
税引前利益 d＝a−b−c	y−500	y−500	0
税金 e	0.3y−150	0.3y−150	0
税引後利益 f＝d−e	0.7y−350	0.7y−350	0
非現金支出費用 g＝b+c	500	2,200	1,700

税引後 CF=f＋g＝a－e	$0.7y+150$	$0.7y+1,850$	$1,700$

（注）機械売却損：帳簿価額 2,500 － 売却額 1,800 ＝ 700

旧機械は期首に売却するので，売却損は税引後 CF に含めた。

＜第 2 年度～第 4 年度＞	現状①	取替②	差額②－①
税引前 CF a	y	$y+1,700$	$1,700$
減価償却費 b	500	$1,500$	$1,000$
税引前利益 d＝a－b	$y-500$	$y+200$	700
税金 e	$0.3y-150$	$0.3y+60$	210
税引後利益 f＝d－e	$0.7y-350$	$0.7y+140$	490
非現金支出費用 g=b	500	$1,500$	$1,000$
税引後 CF＝f＋g＝a－e	$0.7y+150$	$0.7y+1,640$	$1,490$

＜第 5 年度＞	現状①	取替②	差額②－①
税引前 CF a	y	$y+1,700$	$1,700$
減価償却費 b	500	$1,500$	$1,000$
機械売却収入 h	0	50	50
税引前利益 d＝a－b＋h	$y-500$	$y+250$	750
税金 e	$0.3y-150$	$0.3y+75$	225
税引後利益 f＝d－e	$0.7y-350$	$0.7y+175$	525
非現金支出費用 g=b	500	$1,500$	$1,000$
税引後 CF＝f＋g＝a＋h－e	$0.7y+150$	$0.7y+1,675$	$1,525$

キャッシュフローの現在価値：$1,700 \times 0.9259 + 1,490 \times (3.3121 - 0.9259)$
$$+ 1,525 \times 0.6806 = 6,167.4$$

正味現在価値（NPV）：$6,167.4 - 5,700 = 467.4 > 0$

NPV＞0 となるので，この投資案は実行に値すると判断される。

5. 不確実性下の投資決定

　これまでの論議は，すべての将来キャッシュフローは誤りなく予測できるという前提のもとで展開された。つまり，確実性下の投資決定問題が扱われてきたわけである。しかし，現実には，将来キャッシュフローを確実に予測できるケースはむしろ稀であろう。そこで本節では，将来キャッシュフローが確率的にしか予測できない場合には，これまでの決定ルールにどのような修正が必要になるかを論じることにしよう。

　いま，900万円を支出して1年後にキャッシュフロー R_1 が，それぞれ，等しい確率（0.5）で600万円か1,400万円のいずれかになる投資案Aを実行するか否かを検討しているとしよう。投資案Aの期待キャッシュフローは，

$$E(R_1) = 0.5(600) + 0.5(1,400) = 1,000 （万円）$$

となる。この投資案の正味現在価値はいくらになるであろうか。これまで述べてきたように，それを求めるには割引計算が必要になるが，その際にどのような割引率を適用するかが問題となる。割引率に関して，これまで，われわれは，「今日の1万円は明日の1万円よりも価値がある」という経験則に従って，時間価値のみを考慮してきた。しかし，確実なアウトフロー（900万円）に不確実なインフロー（$E(R_1) = 1,000$万円）が対応するこの投資案Aのように，キャッシュの質（確実性ないしリスク）が異なる場合には，時間要因に加え，リスク要因を考慮することが必要になる。そのために，「安全な1万円は不確実な1万円よりも価値がある」という経験則に基づいて，リスクの価値を考慮することにしよう。この考え方に従えば，キャッシュフローの期待値が同じであっても，リスクが大きくなるほど適用する割引率は高くなることがわかる。リスクが大きくなるほど，それを補償するために，より大きな利益率が要求される

からである。

　意思決定者にとって不確実なキャッシュフローと同じ満足（効用）を
もたらす確実なキャッシュフローを確実性等価（certainty equivalent：
CE）という。意思決定者がリスクに無関心（リスク中立）である場合
には，将来キャッシュフローRの期待値E(R)と確実性等価CE(R)は
一致するが，リスクを嫌悪する場合，CE(R)＜E(R)となる。また，リ
スクを嫌悪する度合いが強まるほど，両者の差は拡大し，CE(R)は小
さくなる。

　ここで，投資案Aの期待キャッシュフロー1,000万円に対する意思決
定の確実性等価を958万円，また，確実なキャッシュフローに対する割
引率 r_F（これを無リスク利子率ないしリスクフリーレート[1]という）
を5％と仮定しよう[2]。そうすると，期待値と確実性等価の関係は現在
価値に置き換えると，次式に表される。

$$\frac{E(R_1)}{1+r_A} = \frac{CE(R_1)}{1+r_F}$$

$$\frac{1,000}{1+r_A} = \frac{958}{1+0.05}$$

これを r_A について解くと，$r_A=9.6\%$ となる。このように，CE (R_1) ＜
E (R_1) という関係は，割引率で表すと，$r_A>r_F$ という関係に置き換わる。
この割引率 r_A をリスク調整割引率（risk adjusted rate）という。2つ
の割引率の関係は，一般に次のように表される。

$$r_A = r_F + リスクプレミアム \tag{12-5}$$

　本例では，9.6％＝5％＋4.6％になるので，リスクプレミアムは4.6％

---

1) リスクフリーレートは，実行可能な最も安全な投資から得られる利子率を意味
するので，国債の利回りが用いられることが多い。ただし，国債も満期日に応じて
利回りが異なるので，通常は10年ものの長期国債の利回りが採用される。
2) リスク回避的効用関数として，$U(R)=\sqrt{R}$ とすると，確実性等価CEは，次式
を解いて求められる。
　$\sqrt{CE} = 0.5\sqrt{6,000,000} + 0.5\sqrt{14,000,000}$
これを解くと，$CE≒9,580,000$ になる。

になる。リスク調整割引率が判明したので，投資案 A の正味現在価値は次式になる。

$$NPV = \frac{E(R_1)}{1 + r_A} - I \qquad (12-6)$$

$$= 1,000 / (1 + 0.096) - 900 = 912.4 - 900 = 12.4（万円）$$

期待キャッシュフローの現在価値（912.4万円）は「確実」な金額に修正されているので，確実な支出 I と比較可能になっていることに注意しよう。NPV が正になっているので，投資案 A は採択に値すると判断される。(12-6) 式は一般式では次のように表される[3]。

$$NPV = \sum_{t=1}^{n} \frac{E(R_t)}{(1 + r_A)^t} - I \qquad (12-7)$$

キャッシュフローの不確実性を割引率で調整するこの方法をリスク調整割引率法という。

　投資案の正味現在価値は確実性等価を用いて求めることもできる。この方法を確実性等価法という。その場合はリスクがすでに除去されているから，割引率は r_F でなければならない。したがって，次式が成立する。

$$NPV = \frac{CE(R_1)}{1 + r_F} - I$$

$$= 958 / (1 + 0.05) - 900 = 912.4 - 900 = 12.4（万円）$$

$$(12-8)$$

上式を一般化すると，次式に表される。

$$NPV = \sum_{t=1}^{n} \frac{CE(R_t)}{(1 + r_F)^t} - I$$

リスクの大きさが意思決定に及ぼす影響を明らかにするために，もう1つの投資案を考えよう。投資案 B は，1年後のキャッシュフロー R_1 が，等しい確率でゼロ円か2,000万円になるという点を除いて，投資案 A と

---

[3] 各期のキャッシュフロー R_t のリスクが異なるとすれば，r_A は一定ではなく，期ごとに変動すると（r_{At}）と考えなければならない。

まったく同じであるとすると，この投資案はどのように評価されるであろうか。その期待キャッシュ $E(R_1)$ は 1,000 万円（ $= 0.5(0) + 0.5(2,000)$ ）になり，投資案 A と同一であるが，リスクが著しく大きくなるため，確実性等価は投資案 A よりも小さくなる。その事実を反映して，$CE(R_1)$ $= 500$ 万円とすると [4]，リスク調整割引率 r_A は，次式より，110%になる。

$$\frac{1,000}{1+r_A} = \frac{500}{1+0.05}$$

したがって，投資案 B の NPV は，リスク調整割引率法によると，

$$NPV = 1,000/(1+1.1) - 900 = -423.8 \text{（万円）}$$

となる一方，確実性等価法による場合は，次式になる。

$$NPV = 500/(1+0.05) - 900 = -423.8 \text{（万円）}$$

NPV が負になるから，棄却すべきと判断される。キャッシュフローの期待値は同じであっても，リスク（キャッシュフロー R の変動性）が高すぎるためである。

　最後に，投資案のリスクの大きさはキャッシュフローの分散 $\sigma^2(R_1)$（ $= E(R_1 - E(R_1))^2$ ），ないし，標準偏差 $\sigma(R_1)$ によって測定されることを付言しておこう。

投資案 A： $\sigma^2(R_1) = 0.5(6,000,000 - 10,000,000)^2 + 0.5(14,000,000 - 10,000,000)^2$
$= 16 \times 10^{12}$　$\sigma(R_1) = \sqrt{16} \times 10^{12} = 4,000,000$

投資案 B： $\sigma^2(R_1) = 0.5(0 - 10,000,000)^2 + 0.5(20,000,000 - 10,000,000)^2$
$= 10^{14}$　　$\sigma(R_1) = \sqrt{10^{14}} = 10,000,000$

---

4) $\sqrt{CE} = 0.5\sqrt{20,000,000}$ を解くと，$CE = 500$ 万円になる。

　以下のような A 案，B 案，C 案，3 つの投資案があったとき，割引率が 4％であるとすると，どれに投資するのが最も適当か。（1）現在価値法と（2）内部収益率法でそれぞれ判断しなさい。

	投資額	1 年目 CF	2 年目 CF	3 年目 CF	4 年目 CF	5 年目 CF
投資案 A	100 万円	40 万円	30 万円	20 万円	10 万円	10 万円
投資案 B	100 万円	30 万円	30 万円	30 万円	10 万円	10 万円
投資案 C	100 万円	30 万円	30 万円	20 万円	20 万円	10 万円

参考文献

大塚宗春・佐藤紘光『ベーシック財務管理（第 2 版）』同文舘出版，2009 年
齋藤正章『管理会計』放送大学教育振興会，2022 年

13 企業価値評価

齋藤正章

《**学習のポイント**》企業価値とは何か，またその測定方法について解説する。
また，経営者を評価するための業績指標の選択と企業価値の関連性について
も検討する。
《**キーワード**》企業価値，株主価値，経済付加価値（EVA），市場付加価値
（MVA）

1．企業価値と株主価値

　株主や債権者が企業に投資するのは，投資額を上回る資金を将来回収
できると期待するからである。投資家が企業に対して保有する請求権
（資本資産）の価値は，企業が将来生み出すキャッシュフロー[1]から新
規投資額を差引いた残額，すなわち投資家に分配できるキャッシュフ
ロー——これをフリーキャッシュフロー(free cash flow：FCF) という——
の総額によって定まる。

　加重平均資本コスト（WACC：weighted averaged capital cost）の k，
t 期のフリーキャッシュフローの期待値（平均値）を FCF_t と表すと，

その現在価値は $\dfrac{FCF_t}{(1+k)^t}$ となる。投資家が受け取る将来のフリーキャッ

シュフローの現在価値の合計が投資の価値になるので，これを企業価値
（MV：market value）と呼ぶ。

---

1) キャッシュフロー(現金流列) は，キャッシュインフロー(現金流入) からキャッ
シュアウトフロー(現金流出) を差し引いたネットで定義される。

212

$$MV = \frac{FCF_1}{1+k} + \frac{FCF_2}{(1+k)^2} + \frac{FCF_3}{(1+k)^3} + \cdots = \sum_{t=1}^{\infty} \frac{FCF_t}{(1+k)^t} \qquad (13-1)$$

企業全体のフリーキャッシュフローは債権者と株主とに分配される[2]（$FCF_t = D_t + S_t$）。債権者に分配されるキャッシュフロー D_t の現在価値合計を負債価値（debt value：DV），株主に分配されるキャッシュフロー S_t の現在価値合計を株主価値（shareholder value：SV）という。したがって，（13-2）式が成立する。また，これを図にすると図13-1のようになる。

$$企業価値 MV = 負債価値 DV + 株主価値 SV \qquad (13-2)$$

それぞれのキャッシュフローはリスクが異なるので，現在価値に変換する場合，D_t に対しては k_D，S_t に対しては k_S というリスクに見合った資本コストが適用される。なお，債権者が要求する資本コスト[3] k_D（市場金利）が負債契約を結んだときの契約金利と大差がない場合は，負債の時価は簿価に近似するので，企業価値から負債簿価を控除すれば株主

$$DV = \frac{D_1}{1+k_D} + \frac{D_2}{(1+k_D)^2} + \cdots \cdots \qquad (13-3)$$

$$SV = \frac{S_1}{1+k_S} + \frac{S_2}{(1+k_S)^2} + \cdots \cdots \qquad (13-4)$$

k_D：負債資本コスト　　k_S：株主資本コスト

図13-1　企業価値と株主価値

2) 債権者への分配額には元金返済と支払利息が含まれ，株主への分配額には配当金や自社株消却などが含まれる。フリーキャッシュフローがマイナスになる場合は，債権者から新たな負債が調達されるか，株主から新たな資金が調達されると解釈することができる。
3) ここで，資本コストとは，第11章で説明したように，投資資金の調達コストであって，資本提供者が要求する年間利益率によって測定される。

価値が求められる。

　それでは，数値例で（13-1）式の値が与えられたとき，（13-2）式も同じ値になるか確認してみよう。

　ある企業の損益計算が以下のとおりであったとする。

営業利益	500 万円
支払利息	<u>50 万円</u>（D_t：債権者）$k_D = 5\%$
税引前利益	450 万円
税金（0.4）	<u>180 万円</u>
当期利益	<u>270 万円</u>（S_t：株主）$k_S = 13.5\%$

単純化のために，負債は同一利率で毎年借り替えていくと仮定する。さらに，減価償却費と取替投資額が等しく，新規投資を行わないと仮定し，この損益計算書が毎年（t=1,2,3,・・・）永続するとする。

　（13-3）式にこの数字を当てはめると，まず，負債価値を計算することができる。毎期同一のキャッシュフローが永続する場合，その割引現在価値は，キャッシュフローを資本コストで割ると求められることが知られている（つまり，$\frac{D_t}{k_D}$）。

　したがって，

$$DV = \frac{50 万円}{0.05} = 1,000 \text{ 万円}$$

となる。

　次に，株主価値を計算しよう。毎年の税引前営業利益が 500 万円と期待され，そのうち 50 万円は債権者に分配されるので，株主に帰属する分は 450 万円になる。税率が 40％なので，税引後で株主に帰属する分は 270 万円（＝（1-0.4）× 450 万円）となる。

　k_S が 13.5％と仮定されているので，株主価値は次のように計算される。

$$SV = \frac{270\text{万円}}{0.135} = 2{,}000\text{万円}$$

よって，（13-2）式より，企業価値 MV ＝ 1,000 万円（DV）＋ 2,000 万円（SV）＝ 3,000 万円と計算される。

この計算は，債権者および株主の立場からの計算であった。次に企業側から計算してみよう。

税引前営業利益は 500 万円であったから，この企業のフリーキャッシュフロー FCF_t は 300 万円（＝（1-0.4）× 500 万円）と計算される[4]。次に，このキャッシュフローを割り引くための加重平均資本コスト（WACC）を計算しなくてはならない。資本構成比が時価で 1：2 なので WACC は次のように求められる。

$$WACC = (1-0.4) \times 5\% \times 1/3 + 13.5\% \times 2/3 = 10\%$$

したがって，（13-1）式より

$$MV = \frac{300\text{万円}}{0.1} = 3{,}000\text{万円}$$

となり，（13-1）式と（13-2）式が成立することを確認することができた。

2. 業績指標の選択と企業価値

株主は経営者に対し，経営者は従業員に対し，それぞれガバナンス能力を発揮しなくてはならない。またその最終目標が企業価値を高めることであることはいうまでもない。しかし，企業価値を高めるつもりで採用した目標（業績指標）が，企業価値の増大と結びつかないケースもある。本節の目的は企業価値を高める業績指標を検討することにある。

---

[4] ここでは，減価償却費と取替投資額が等しく，新規投資を行わないと仮定しているので，税引後営業利益と FCF が等しくなっている。FCF＝営業キャッシュフロー－投資額＝（税引後営業利益＋減価償却費）－（新規投資額＋取替投資額）。

　会計数値を利用した業績指標の代表的なものに会計利益，1 株当たり利益（EPS），自己資本利益率（ROE）を挙げることができる。これらの指標と企業価値との関連性を数値例を使って検討してみよう。

(1) ベンチマーク

　議論を単純にするために，簿価 1,000 万円の株主資本から構成される企業を考える。また，この企業の損益計算が次のように要約されるとする。

営業収益	3,000 万円
営業費用	2,700 万円
営業利益	300 万円
税金（0.5）	150 万円
税引後営業利益	150 万円

　現状維持のもとで，今後もこの損益計算が永続すると仮定する。資本コストを 10％とし，税引後営業利益（NOPAT : net operating profit after tax）がフリーキャッシュフローに一致し，毎期その全額（150 万円）を配当することにする。そうすると，株主価値（＝企業価値）は 1,500 万円（＝150 万円／0.1）になる。発行済み株式数を 100 株とすると，株価は 15 万円（＝1,500 万円／100 株），1 株当たり利益（EPS）＝1.5 万円，自己資本利益率（ROE）＝15％（＝150 万円／1,000 万円）になる。

(2) ケース 1：資本コストが同じ増資案

　既存事業を拡大するために運転資本に 300 万円投資して，10％の税引前営業利益率を維持しながら，毎期の売上を 10％増やすという案を考えてみよう。そのときの予想損益は以下のようになる。

営業収益	3,300 万円
営業費用	2,970 万円
営業利益	330 万円
税金（0.5）	165 万円
税引後営業利益	165 万円

　税引後営業利益（NOPAT）が毎期 15 万円増加するが，株主はこの投資案を歓迎しないだろう。なぜならば，この運転資本投資によって株主価値はグロスで 1,650 万円（＝165 万円／0.1）になるが，株主は新たに 300 万円の追加資金を払わなくてはならないので，ネットの株主価値は 1,350 万円に低下するからである。この投資案の公表によって，株価は 13.5 万円に下落し，株主は 1 株につき 1.5 万円の損失を被る。この株価を所与とすると，300 万円の資金を調達するには 22.2 株（＝300 万円／13.5 万円）の新株発行が必要となる。その結果，発行済株式総数は 122.2 株になり，EPS＝1.35 万円（＝165 万円／122.2 株），ROE＝12.7％（＝165 万円／1,300 万円）となる。

　会計利益の増加が株主価値の減少をもたらすため，会計利益を業績指標とすることは望ましくないことがわかる。逆に本ケースでは，EPS や ROE は株主価値と連動している。

(3) ケース 2：資本コストが異なる増資案

　既存事業に加えて，新たに 400 万円の投資をして毎期 140 万円（＝営業収益 400 万円－営業費用 260 万円）の税引前営業利益をもたらすと期待される新事業を開始する案を考えてみよう。

営業収益	3,400 万円
営業費用	<u>2,960 万円</u>
営業利益	440 万円
税金（0.5）	<u>220 万円</u>
税引後営業利益	<u>220 万円</u>

　新事業は NOPAT の期待値を 70 万円増加させるが，既存事業よりもはるかにリスク（営業利益の変動性）が大きく，そのため新事業のコストは 20％に高まると仮定しよう。そうすると，株主価値は 350 万円（＝70 万円／0.2）増加し，既存事業との合計で 1,850 万円になる。しかし，株主は新たに 400 万円を払わなくてはならないから，ネットの株主価値は 1,450 万円に低下する。株価は 14.5 万円に下落し，株主は 1 株につき 0.5 万円の損失を被るので，この投資案も実行すべきではない。

　この株価を所与とすると，400 万円の資金を調達するには 27.6 株（＝400 万円／14.5 万円）の新株発行が必要となり，発行済株式総数は 127.6 株となる。よって，EPS＝1.72 万円（＝220 万円／127.6 株），ROE＝15.7％（＝220 万円／1,400 万円）となり，株主価値を破壊する投資案にも関わらず，いずれの指標ともベンチマークの数値を上回ってしまっている。

(4) ケース 3：リストラ案

　運転資本を 250 万円節約して既存事業の利益を 1 割削減するリストラ案を考えてみよう。これを実施したときの予想損益は以下のようになる。

営業収益	2,800 万円
営業費用	2,530 万円
営業利益	270 万円
税金 (0.5)	135 万円
税引後営業利益	135 万円

　税引後営業利益が 15 万円減少するので，グロスの株主価値は 1,350 万円（＝135 万円／0.1）に低下する。しかし，運転資本の節約額 250 万円が株主に返還されるので，ネットの株主価値は 1,600 万円に増加する。株主価値が増加するので，このリストラ案は実行すべきである。本ケースでは発行株数が変化しないので，EPS＝13.5 万円と低下するが，ROE＝18%（＝135 万円／(1,000 万円－250 万円)）に上昇する。

　会計利益，1 株当たり利益（EPS），株主資本利益率（ROE）などの伝統的な業績指標は株主価値（および企業価値）の増減を正確に反映しないことを例証した（表 13-1）。特に絶対額としての会計利益は株主価値に逆行する可能性の高いことが明らかになった。(13-1) 式で定義されるように，企業価値には，(a) フリーキャッシュフロー(FCF)，(b) 投資額（＝調達額），(c) 資本コスト（リスク）の 3 つの要因が影響を与える。(a) は損益計算に反映されるが，完全には反映されない。現金基準ではなく，費用は発生基準，収益は実現基準で認識・測定されるため，利益とキャッシュフローの間に食い違いが生じるのである。現金の未収額と未払額は貸借対照表に表示されるので，キャッシュフローの測

表 13-1　各指標の比較

	ベンチマーク	ケース 1	ケース 2	ケース 3
税引後営業利益	150 万円	165 万円	220 万円	135 万円
EPS	1.5 万円	1.35 万円	1.72 万円	1.35 万円
ROE	15%	12.7%	15.7%	18%
株主価値（グロス）	1,500 万円	1,650 万円	1,850 万円	1,350 万円
株主価値（ネット）	－	1,350 万円	1,450 万円	1,600 万円

定にはそれらの調整が必要となる。(b) は貸借対照表には表示されるが損益計算書には表示されない。(c) については，負債の資本コストは支払利息という科目で損益計算書に表示されるが，株主資本コストはどこにも表示されない。それはなぜであろうか。株主資本コストは機会原価であるため，支出原価を対象とする費用計算から除外されたと解することもできるし，残余請求権者という株主の視点からは，資本コストを敢えて控除する意味がなかったからとも考えられる。いずれにしても，損益計算書に表示されないからといって，それが存在しないことを意味するわけではない。しかし，表示されないために経営者のコスト意識が薄れてしまうおそれがある。

　このように考えると，経営者が伝統的な業績指標に基づいて意思決定をする場合，株主の利益を損ねる危険性が残っていることになる。重要なのは会計利益ではなく株主価値なので，これを正確に写し出す業績指標が必要となる。

　期間業績と株主価値（および企業価値）との連動性を高めるには，上記の3つの要因を反映できるように損益計算を修正することが必要となる。(a) については既述のように貸借対照表との調整によって問題を解決できるが，(b)(c) についてはどうであろうか。

　資本費用（capital charge：CC）（＝加重平均資本コストWACC×投下資本B）を計算し，これを税引後営業利益NOPATから差引くというのが，その解決策である。つまり，投資額とリスクの大きさは資本費用の大きさに変換されるので，この指標はコストとベネフィットを対比するすべての要素を反映したものとなる。

　資本費用を控除した後の利益は，一般に「残余利益」（RI：residual income）と呼ばれる。この業績指標は決して新しいものではなく，事業部業績の測定尺度として1950年代にゼネラル・エレクトリック社に

220

よって提唱された利益概念である。残余利益は，投下資本が効率よく運用されているかどうかを絶対額で表すという点で，比率尺度である資本利益率（ROI：return on investment）に内在する問題点を克服している。それにも関わらず，この利益概念が支配的な実務に定着しなかったのは，経営者の資本コストに対する意識が希薄であったこと，資本コストを測定する説得力のある手法が確立されていなかったなどの理由が考えられる。

残余利益の概念を精緻化して EVA（economic value added：経済付加価値）という名称のもとに新たな業績指標を提唱したのが，米国のコンサルタント会社のスターン・スチュアート社（Stern Stewart & Co.）である。EVA® はスターン・スチュアート社の登録商標であり，企業の経済付加価値を測る実務的な尺度になっている。以下では，次式で定義される業績指標を EVA（経済付加価値）と総称することとする。

EVA ≡ 税引後営業利益 NOPAT

－投下資本簿価×資本コスト　　　　　　　(13-5)

この概念は経済的利益（economic income/economic profit）とも呼ばれている。投資家（株主および債権者）に配分できる利益（NOPAT）が投資家の要求する平均的利益（資本費用）を上回れば，市場平均を上回る超過利益（付加価値）が生じるから，投資が成功した証となる。マイナスの EVA は，機会損失が生じるので，資金を他に振り向けた方が

表13-2　EVA と企業価値（MV）

	ベンチマーク	ケース1	ケース2	ケース3
EVA	$150-1,000(0.1)=50$	$165-1,300(0.1)=35$	$220-100-80=40$	$135-750(0.1)=60$
ΔEVA		$15-300(0.1)=-15$	$70-400(0.2)=-10$	$-15+250(0.1)=10$
MV	$150/0.1=1,500$	$165/0.1=1,650$	$1,500+350=1,850$	$135/0.1=1,350$
ΔMV		$1,650-300=1,350$	$1,850-400=1,450$	$1,350+250=1,600$

良かったというシグナルになる。

　前節の数値例で各ケースのEVAを計算すると表13-2のようになる。なお、ΔEVAはベンチマークと各ケースとの差を表し、MVは企業価値、ΔMVはネットの企業価値をそれぞれ表している。

　このようにEVAは、ネットの企業価値の増減と同一の動きを示していることがわかる。したがって、EVAを業績指標として経営の判断基準に据えることが株主価値経営を行う前提条件となる。

3. 市場付加価値（MVA）

　t期の経済付加価値をEVA$_t$と表すと、EVA$_t$（t＝1,2,3,……）の割引現在価値合計（すなわち、将来獲得される経済付加価値の割引現在価値）を市場付加価値（market added value：MVA）という（次式）。

$$\text{MVA} = \frac{\text{EVA}_1}{1+k} + \frac{\text{EVA}_2}{(1+k)^2} + \frac{\text{EVA}_3}{(1+k)^3} + \cdots = \sum_{t=1}^{\infty} \frac{\text{EVA}_t}{(1+k)^t} \quad (13-6)$$

　この式から、毎期のEVAの増加（減少）は、MVAを拡大（縮小）させることがわかる。さらに、投下資本BとMVAの合計は企業価値MVに一致することが知られている（次式）。

企業価値MV＝投下資本B＋市場付加価値MVA　（13-7）

　（13-6）式のEVA$_t$は、将来の予測値であるので、客観的には測定することができない。ゆえに同式で求められるMVAも客観的な数値ではない。しかし、企業価値MVの方は、公開企業であるかぎり、資本市場においてその時価（負債時価＋株式時価）が形成されているので、毎日変動しているとはいえ、その客観値が存在する。したがって、理論値に対応するMVAの実際値は、企業価値（市場価値）から投下資本簿価

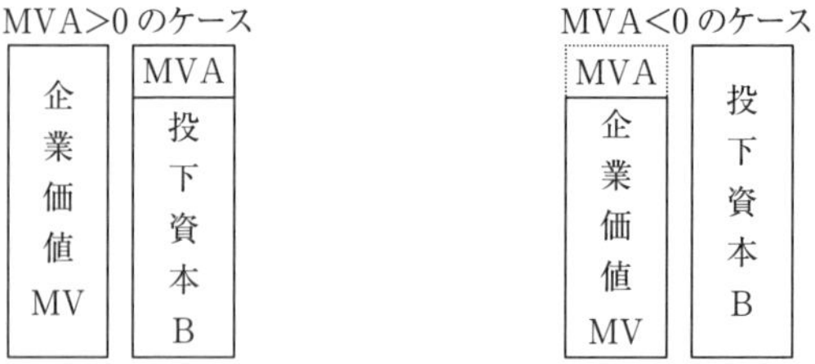

図13-2　企業価値 MV，市場付加価値 MVA，投下資本 B の関係

表13-3　市場付加価値（MVA）

	ベンチマーク	ケース1	ケース2	ケース3
MVA	1,500 − 1,000 = 500	1,650 − 1,300 = 350	1,850 − 1,400 = 450	1,350 − 750 = 600

を控除して計測される（図13-2）。ゆえに，市場付加価値を外部業績指標とすれば，経済付加価値は内部業績指標と位置づけることができる。

　MVA にはどのような意味を与えられるであろうか。投下資本は投資家が企業にインプットした価値（簿価）であるのに対して，企業価値は投資を止めたときに回収できるアウトプット価値（時価）である。したがって，MVA は企業がネットでどれだけの価値を創造したか，破壊したかを示す指標となる。価値が創造されるか否かは経営陣の手腕にかかっているので，MVA は経営陣の力量を総合的に判断するのに最適な指標であるといえる。

　先ほどの数値例で MVA を計算すると表13-3のようになる。

学習課題

(1) 資本コストの意味について説明し，企業価値の算定に WACC を用
　　いる理由を述べなさい。
(2) 会計利益，1 株当たり利益および自己資本利益率を業績指標とした
　　場合，企業価値の増減と逆の動きを示すのはなぜか，説明しなさい。
(3) EVA と MVA の関係について述べなさい。

参考文献

齋藤正章『管理会計』放送大学教育振興会，2022 年
佐藤紘光・飯泉清・齋藤正章『株主価値を高める EVA® 経営（第 2 版）』中央経済社，
2008 年
スチュワートⅢ，G. ベネット『EVA 創造の経営』東洋経済新報社，1998 年

14 | 情報非対称

齋藤正章

《**学習のポイント**》市場における参加者が持つ情報に差がある，つまり当事
者間に情報格差があるとき，情報の非対称性が存在するという。情報の非対
称性によって，情報優位者は情報不利者の犠牲のもと，自身にとって有利な
取引結果を引き出すことができる。本講義では，その問題点を指摘し，解決
策を考察する。
《**キーワード**》情報非対称，機会主義的行動，モラル・ハザード，アドバース・
セレクション，エイジェンシー・コスト

1. 所有と経営の分離

　株式会社は，株式という資本の構成単位を株主が所有している会社を
いい，株主は保有する株式の出資額を限度とする出資義務を会社に対し
て負う。株式会社が他の会社形態と大きく違うのは，この株式制度と有
限責任制度にある。

　こうした特徴を持つ株式会社は，不特定多数の出資者から多額の資金
を集めるのに適しており，今日の大規模会社のほとんどが株式会社であ
るといってよいだろう。大規模な株式会社の場合，株主数が 10 万人を
超えている会社も少なくない。

　株主数が多くなってくると，株主が直接会社を経営することが難しく
なる。よって会社の経営に関する専門的知識，技能，経験を備えた経営
のプロ（専門経営者）にその運営を任さざるを得なくなる。株主は，株

式会社の経営を，その最高意思決定機関である株主総会を通じて，専門経営者の手に任せることになるのである。このように出資者と経営者が分かれていることを，所有と経営の分離という。その場合，専門経営者は，株主から会社の経営を委託されているという関係にあることを理解することが重要である。

2.　株主と経営者における潜在的な利害の対立

　第 1 章では，会社の資金調達決定や投資決定を行う判断基準，つまりファイナンスの目的として株主価値の最大化が用いられるべきであると述べた。しかし，所有と経営が分離している株式会社においてこうした財務的意思決定を行うのは（専門）経営者である。経営者は経営のプロであり，また意思決定の対象について株主よりも詳細な情報を有していると考えられる。このように一方が，もう一方が持ちえない情報を有するときに，情報非対称性が存在するという。果たして経営者は，情報非対称性の下で株主価値の最大化を目指して経営するのであろうか。

　やっかいなことに，経営者は株主と同じ方向を見て経営していないことが多い。経営者が努力して獲得した成果が株主のものになってしまうという外部性が存在するためである。また株主や市場によるコントロー

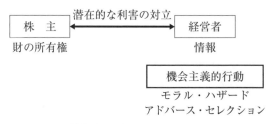

図 14−1　情報非対称性

ルがうまく働かない場合，経営者は情報非対称性を悪用し自らの目的を優先してしまうのである。これを機会主義的行動という。経営者が機会主義的行動をとる可能性があるため，株主と経営者の間には常に潜在的な利害の対立があるのである。

　機会主義的行動には，2つの現象がある。1つは，モラル・ハザードと呼ばれる。これは，経営者の怠慢に由来する問題である。株主は，経営者の行動を直接観察できないため，経営者の成果に関する情報から，経営者が株主の目的に適った行動をとったかどうかを推定する以外に術がない。しかし，経営者の成果は，「努力×環境要因」によって規定されるので，その成果を見て努力の投入量を推定するのが困難となる。つまり，低い成果は最大限の努力と劣悪な環境のせいかもしれず，そうすると一概に責めることは妥当ではなくなる。逆に，優れた成果は最小限の努力と恵まれた環境のせいであるかもしれず，その成果に報いることは過大評価になる恐れがある。結果，経営者は「どうせわからないなら」と怠慢な行動を選択するインセンティブを持つのである。モラル・ハザードは，次の4類型に分類される。

1）怠慢

　従業員との争いを避けるために，本来行うべき管理活動をしない。そのために横領や会社に損失を与える行動を許してしまう。また，行うべき原価低減活動をしない。経営そのものよりも昇進など社内の政治的活動に精を出す。

2）過度な投資

　株主の犠牲のもとに得意分野へ投資したり，経営者の影響力を強化すべく，収益性の裏付けのない事業にまで手を広げて，必要以上に組織を拡大させる行動をとる。

3) 保身のための行動

　　経営者は自らの地位を安泰にするために，自分たちが必要だという
ことを示すために，自分たちが得意な時代遅れの分野に投資しようと
する。また，企業業績が低下すると，経営者に有利な業績指標に変更
したり，会計操作を行って業績が悪くないように見せかけようとする。
さらに，地位の安定期には過度に保守的になったり，いったん地位が
脅かされると博打といえるような投資活動を行ったりして，会社に損
害を与えてしまう。

4) 自己取引

　　さまざまな行き過ぎた役得，市場を介さない知り合い等との取引，
身内に対する市場価格を下回る資産の売却，インサイダー取引といっ
た利己的な行動を選択する。自己取引は近年最も増加が著しいモラル・
ハザードでもある。

　モラル・ハザードを解消するためには大きく 2 つの解決策がある。1
つは，経営者に株主と同じ目的を持たせることである。それには，企業
業績に応じた報酬制度にすることが挙げられる。例えば，ストックオプ
ション制度がある。これは，経営者にある特定の株価で，ある一定の株
式を購入する権利を与える報酬の一形態である。例えば，株価が現在 1
株 5,000 円であるが，経営者に 1 株 6,000 円で 10 万株購入する権利を与
えるとしよう。経営者が株価を最大化するような決定を行い，株価が
6,000 円を上回り，例えば，6,500 円になったとする。そうすると，経営
者は 10 万株を 1 株 6,000 円で購入して 6,500 円で売却できるので，5,000
万円の利益を得ることができる。株価が上昇すると，株主の自己資本価
値も上昇するので，株主にとっても経営者にとっても望ましい結果とな
るのである。

　　別の方策としては，現在の株主によって経営者の行動を監視し，解雇

228

の脅威を与えることである。経営者が自らの利益を追求して，株主の利益を損なうような行動をとっている場合，株主には株主総会で経営者を任免する権限があるので，株主の利益に添わない経営者を解雇することが可能である。その意味で，あまりにも自己の利益を追求している経営者は早晩株主によって交替させられる脅威があるので，あまりに株主の利益を無視した行動は取りにくくなると考えられる。また，潜在的な株主による監視も可能である。それは企業買収（乗っ取り）の脅威である。企業買収は株主価値の最大化という目的を無視した非効率的な経営を行っていることにより，企業の株式がその潜在能力と比較して過小評価されている場合に起こりやすい。買収されると，一般に買収された企業の経営者は解雇され，仮に解雇されないとしても，以前のような自立性は失われる。そこで，買収を避けるために経営者は株価を上昇させるような行動を選択しようとする動機を持つであろう。

　機会主義的行動のもう1つは，アドバース・セレクション（逆選択）と呼ばれる現象である。努力水準と環境状態を所与と仮定すれば，株主はより能力の高い経営者との契約を望むであろう。しかし，能力に関する情報は経営者に偏在しがちであり，そのためより能力のない者が虚偽の報告によって能力が高いと偽り，より能力のある者を差し置いてしまう場合が起こりうる。株主が経営者を選択するのであるが，虚偽の情報のために立場が逆転するため，これをアドバース・セレクションという。

3. 資本構成とエイジェンシー・コスト

　株主とその代理人（エイジェント）である経営者の間に存在する潜在的な利害の対立を軽減するための費用を，エイジェンシー・コストという。エイジェンシー・コストが資本調達にどのように影響を与えるのか

検討してみよう。

(1) 株式のエイジェンシー・コスト

　株主が経営者のモラル・ハザードに対抗する手段として，経営者を監視するために社外取締役や会計監査人を派遣する，といった措置を講ずる。この経営者の行動を監視させるための費用をモニタリング・コストという。

　さらに経営者を監視するだけでなく，株主の目的に整合した行動をとらせるために経営者に制約を課す場合もある。経営者の行動が株主価値の追求にかなっていることを証明するために，経営者自らが負担するコストを保証費用ないしはボンディング・コストという。

　モニタリング・コストとボンディング・コストをかけてもなお経営者の機会主義的行動をゼロにすることはできない。そのために株主が負担する自身の報酬の低下分を残余損失という。

　これら３つの株式のエイジェンシー・コストは，負債金額が一定であるとすれば，株式の増加とともに上昇する。逆に自己資本に対する負債の割合（負債比率）が減少すると，株式のエイジェンシー・コストが増加するともいえる。

(2) 負債のエイジェンシー・コスト

　これまで，株主対経営者の利害対立を議論してきたが，負債のエイジェンシー・コストは，債権者対経営者（＝株主）の利害対立によって生じる。つまり，経営者と株主は一体化していると考えるのである。これは負債比率の増大が，債権者の回収リスクを高めるためである。負債のエイジェンシー・コストとして，まず債権者と経営者との間で結ばれる債権債務契約を実現するために，経営者が負担すべき費用が挙げられる。

　債権者は，貸付けを行う企業に対して確定利息という利益の分配を要求するだけでなく，元本の保証を経営者および株主に対して要求する。これは，経営者が過分な報酬を受け取ったり，株主が過大な配当請求をすることによって，債権を担保する財産が保証されず，債権者が貸倒れのリスクを負担しなければならなくなるからである。

　このような場合，債権者は貸倒れリスクを認識し，経営者に対して貸し渋りを起こし，リスクに見合ったプレミアム金利を要求する。そうすると，負債を調達しようとする経営者は，発行時の情報公開すなわちディスクロージャーのコストを負担しなくてはならない。債権者の観点からすると，情報が不足していると不安からリスクを大きく見積もる傾向がある。それに対し，経営者は金利をなるべく低く抑えたいので，債権者に正確な情報を開示し，真の貸倒れリスクに見合った利子率で負債を調達したいと考えるだろう。そうすると，経営者は自らの信用を保証するために債権の格付けを第三者機関に依頼したりする。負債を発行しようとするかぎり経営者はディスクロージャーに積極的にならざるをえないが，当然コストがかかる。こうした直接的なコストばかりでなく，企業の重要な情報を開示することによる競争力の低下という，間接的な機会費用も発生するかもしれない。

　債権者もエイジェンシー・コストを負担する。債権者は負債比率の増加に伴い，担保財産を確保するために企業経営を監視する必要性に迫られる。取締役を派遣したり，社債発行限度や配当制限といった債権者に有利な財務制限条項によって経営者行動に制約をかける。これらにかかる費用が債権者の負担するエイジェンシー・コストである。

　負債のエイジェンシー・コストは，自己資本の金額を一定とすると，負債比率の上昇とともに増加することになる。

4．エイジェンシー・コストと最適資本構成

　情報非対称性を原因として，資金調達には株式と負債のエイジェンシー・コストが発生することを説明した。また，株式のエイジェンシー・コストは負債比率の上昇に伴い低下するのに対して，負債のエイジェンシー・コストは上昇する。

　この株式と負債のエイジェンシー・コストを加重平均した平均エイジェンシー・コストは，図 14-2 のような船底型の曲線になる。

　平均エイジェンシー・コストが最低になる水準が最適資本構成となる。エイジェンシー・コストの存在は，当事者間に情報の非対称性が存在することを意味している。このことは，経営者から株主へ，経営者から債権者への情報提供が不完全であることを示している。企業経営に関する情報をすべて開示せよというわけではないが，エイジェンシー・コストを低減させ，当事者間の潜在的な利害の対立を解消していくことが，経営者に求められているのである。

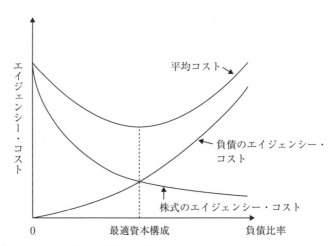

図 14-2　平均エイジェンシー・コスト

5. 企業内容等開示（ディスクロージャー）制度

　有価証券の発行・流通市場において，一般投資家が十分な投資判断を行うことができるような資料を提供するために，企業内容等の開示制度が設けられている。それは金融商品取引法におけるディスクロージャー制度（企業内容等開示制度）である。この制度は，有価証券届出書を始めとする各種開示書類の提出を有価証券の発行者等に義務づけ，これらを公衆縦覧に供することにより，有価証券の発行者の事業内容，財務内容等を正確，公平かつ適時に開示し，もって投資家保護を図ろうとするものである。

　この制度に該当する有価証券の発行者は，事業年度ごとに有価証券報告書を提出しなければならない。

　有価証券報告書に記載される事項は，

　第1部　「企業情報」として，

・企業の概況：経営指標，沿革，事業の内容，関係会社の状況など

・事業の状況：経営方針と経営環境及び対処すべき課題等，事業等のリスクなど

・設備の状況：設備投資等の概要など

・提出会社の状況：株式等の状況，配当政策，役員の状況など

・コーポレート・ガバナンスの状況等：コーポレート・ガバナンスの状況等など

・経理の状況：連結財務諸表，個別財務諸表，会計方針など

が記載されており，有価証券の発行者の詳細な情報を見ることができる。

　また，有価証券報告書は誰でも閲覧できるように金融庁が開設しているEDINETというWebサイトから入手できる。ここで，EDINETとは，「金融商品取引法に基づく有価証券報告書等の開示書類に関する電子開

示システム」のことをいう。金融庁が開設している EDINET という
Web サイトから入手できる。読者は実際に EDINET にアクセスし，関
心のある企業の有価証券報告書を入手し，情報非対称性を解消しようと
いう取り組みを実感してほしい。

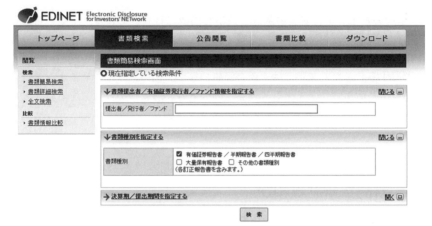

図 14−3　EDINET の検索画面
（https://disclosure.edinet-fsa.go.jp，2022 年 10 月 31 日アクセス）

学習課題

（1）株主と経営者の間にはなぜ情報非対称性が存在するのか述べなさ
　い。
（2）モラル・ハザードの身近な例を 5 つ挙げなさい。
（3）エイジェンシー・コストの種類について整理しなさい。

15 | ファイナンスと今日的課題

齋藤正章　　阿部圭司

《**学習のポイント**》資金の調達と運用を円滑に行うためには，企業の自由な
活動が欠かせない。しかし，金融・保険・証券業といったファイナンス分野
は，規制法があり，免許制となっている。自由な競争と規制の問題について
考察する。また，後半では，企業価値の算出を例にとり，ファイナンス理論
の現実と活用，ファイナンス理論とのつき合い方について考察する。
《**キーワード**》市場に対する規制，M&A，行動ファイナンス

1. 規制か規制緩和か

(1) 金融危機と規制および規制緩和

　金融危機の歴史は古く，19世紀から20世紀に頻発した。その背景には，
経済自由主義が容認され，金融業に対する監督規制もゆるかったことが
原因として挙げられる。米国で起きた1907年の金融恐慌は，大手信託
会社の経営破綻がきっかけであったが，これにより野放図な銀行経営や
不正な証券取引が暴露され，1913年に連邦準備制度が創設されること
となった。また1929年の株価大暴落後，1933年にはグラス・スティー
ガル法が制定された。その結果，銀行業と証券業が分離されて，相当に
厳しい業際規制，金利規制，証券取引規制が行われるようになった。そ
れ以降，個別銀行の単発的な経営破綻はあったものの，連鎖的な破綻は
回避されるようになった。
　しかし，1980年代以降になると，金融規制緩和の機運が盛り上がり，

世界的に金利自由化や株式の委託売買手数料自由化が実施されるようになった。英国では 1986 年の金融ビッグバンによって，証券取引所会員権の開放やジョバーとブローカーの兼業が可能となった。米国でも1999 年にはグラス・スティーガル法が廃止され，銀行業と証券業の間の業際規制がほとんど撤廃された。また，同年に金融持株会社が解禁となった。わが国でも，1996 年に日本の金融市場をニューヨーク，ロンドンと並ぶ国際市場として地位を向上させ，日本経済を再生させる狙いで，第二次橋本内閣が日本版ビッグバンを提唱した。フリー・フェア・グローバルの 3 原則を合言葉に，1998 年には独占禁止法改正による金融持株会社の解禁や，2002 年の銀行業・保険業・証券の各代理業解禁など，規制緩和が進行した。

(2) 連鎖型金融危機

　20 世紀末以降になると，銀行危機が頻発するようになる。きっかけは，1990 年前後の北欧諸国での集中的な銀行危機，次に 90 年代にわが国の大手銀行危機，2008 年頃にはリーマン・ブラザーズの破綻を頂点とする米英のメガバンク危機，そして 2010 年以降はギリシャに代表されるユーロ圏周辺諸国の債務危機や欧州銀行危機が懸念される状況となっている。銀行危機が起きた国では，それに先行する形で資産価格の高騰，いわゆる資産バブルが生じていた場合が多いことが指摘されている。

　資産バブルと銀行危機が頻発するようになったのには，3 つの理由がある。第一に 1980 年代以降に金融規制緩和や国際資本移動の自由化が行われたためである。第二に，グローバルな市場競争による物価上昇の抑制のおかげで低金利と金融緩和が行われ，その資金が不動産に流れ資産バブルを引き起こしたためである。第三に，上記 2 つの理由を背景に銀行業が高収益の成長企業として台頭したためである。銀行も負債形態

で資金を調達し，資産投資を積極的に行って，その行き過ぎのため破綻の危機に瀕したのである。

　問題は，銀行は預金・通貨の発行によって決済機構を形成しているため，銀行危機は金融システム全体の破綻をもたらす可能性がある。そのため，銀行危機が起きると，わが国でも過去そうであったように政府が救済に乗り出すことになる。また景気悪化によって財政支出が膨らむ一方で税収が減少するために，財政赤字拡大の結果ギリシャ危機や米国債の格下げなど国家そのものの債務危機が懸念される状況となっている。

　このように21世紀の金融危機は，銀行危機，株価暴落，国家債務危機，為替相場危機などが連鎖的に起きる点に特色があると言えよう。経済のグローバル化は，もはや国内の金融政策では対応しきれないほど大きな問題を起こす可能性があるのである。

2. M&A とは何か

　資本移動が完全に自由化された今日のグローバル市場のもとでは，より良質な企業を求め，海外からも資金が流入するようになる。外国人の持ち株比率の上昇は，国際的な共通ルールを必要とし，それに適合しない業績不振企業や企業価値経営を軽視する企業の株式は容赦なく売られる運命にある。

　合併・買収などによって他企業の経営権を取得する，いわゆる，M&A（mergers and acquisitions）がわが国の企業でも一般化している。ここで，M&A とは，他社の経営支配権獲得の試みの総称である。ただし，M&A という用語は多義であり，広義には企業間の生産・技術・販売等の提携という意味が含まれている。一方，狭義には，合併，分割，事業譲渡による事業の取得という意味と株式譲渡，株式移転，株式交換，

募集新株の第三者割当等による株式の取得という意味が含まれている。

　既存の企業の支配をして，獲得企業の規模の拡大や経営効率の向上を短期間に達成する目的で行われるが，企業自体を投機対象とする場合もある。わが国では M&A は会社の乗っ取りであるとする考えが依然として強く，被買収企業は，とりわけ後述の敵対的企業買収を拒否する傾向が強い。それに対し，買収企業の方は，大規模企業に対する M&A も積極的に行っている。

　M&A の M（merger）は，吸収合併のことをいい，他社の経営支配権を完璧に獲得する典型的な方策である。しかし，吸収合併を行うためには，株主総会の特別決議による合併契約の承認，債権者保護手続の実行，反対株主の株式買取等の諸手続があり，時間的および作業的コストがかかるという問題がある。

　M&A の A（acquisition）は，他社の株主から直接的に支配株式を買い取ることによって経営支配権を買い取ることをいう。吸収合併の多くは手間がかかるため，この方法が取られることが多い。

　対象会社の株主から株式の譲渡を受けてその支配権を獲得する M&A には，敵対的企業買収と友好的企業買収がある。敵対的企業買収とは，買収対象会社の経営陣の同意を得ないで，対象会社の支配権を獲得することをいう。これに対し，友好的企業買収とは，同意のもとに支配権を獲得することをいう。

　敵対的企業買収が試みられると，対象会社の経営陣は，これを阻止すべく各種の対応（買収防衛策）を試みる。しかし，この買収防衛策は，株式の自由売買を阻止，妨害しようとする試みであり，とりわけ株式の自由譲渡性がその本質的要請である公開会社にあっては，本来的に許される試みでないはずである。しかし，それがいかなる場合に許されることになるのか，会社法では対象会社に許される買収防衛策に関する特別

な規定は設けられておらず，実際に採択される買収防衛策の有効性については，関連する会社法上の一般的な解釈論として扱われることが多い。

3. 敵対的企業買収と買収防衛策

(1) M&A の流れ

　M&A は，買収企業による買収対象会社（ターゲット）を探すことから始められる。ターゲットが決まると，買収提案の受け入れに向けてのアプローチが試みられる。うまく基本合意が成立すると，詳細なデューデリジェンス（資産評価をはじめとするターゲットの調査）を行いながら，買収方法や買収価格等を決定することになる。最終的に双方の合意が成立すれば友好的企業買収となるが，折衝過程において相手会社の経営陣の同意が得られなければ，敵対的企業買収となる。すなわち，今度は相手会社の株主に対し買収提案を示し，現経営陣を支持するか買収者に株を売却するかの選択を迫ることになる。

　この場合，一般的には金融商品取引法上の公開買付け（take over bid：TOB）という手法がとられる。ここで，TOB とは，「不特定かつ多数の者に対し，公告により株券等の買付け等の申込み又は売付け等（売付けその他の有償の譲渡をいう。）の申込みの勧誘を行い，取引所金融商品市場外で株券等の買付け等を行うこと（金融証券取引法 27 条 2 項の 6)」をいう。

　これに対し，ターゲットの経営陣が採用する買収防衛策には，①平時導入・有事発動型と②有事導入型とに大別される。この場合，当該買収防衛策の設定が，経営者にとって好ましくない者による買収が開始される「前」なのか「後」なのかによって，①か②に区別されるわけであるが，「平時」，「有事発動」の意義が必ずしも厳密に確定しているわけで

はない。

(2) 平時導入・有事発動型買収防衛策

　敵対的企業買収者が出現する以前から，その出現があった場合を想定して企業が定めておく主な防衛策としてはポイズン・ピル（poison pill：毒薬条項）や「事前警告型防衛策」等があげられる。ポイズン・ピルは，一般的に買収を仕掛けられた会社が，敵対的買収者が買収を行うときに不利になるような措置をあらかじめ講じておくことをいう。具体的には，買収者の議決権を希薄化させるなどの仕組みを総称するが，わが国では近年，新株予約権を使ったテクニックが使用されている。ここで，新株予約権とは，株式会社に対して行使することにより当該株式会社の株式の交付を受ける権利をいう。会社は新株予約権者に対して，権利が行使されたとき，新株を発行するか，それに代えて保有する自己株式を移転する義務を負う。

　さて，新株予約権を使ったテクニックであるが，あらかじめ既存の株主に新株予約権を受ける権利（ライツ：rights）を付与しておき，敵対的買収者が，対象会社の株式を一定割合取得するか，公開買付け（TOB）を実施した場合（これをトリガー事由という），その時点における株主に対して新株予約権が交付されるのであるが，敵対的買収者に限り新株予約権が行使できないことになっている。これを差別的取扱条項ともいう。

(3) 有事導入型

　敵対的企業買収者が具体的に出現した以降，企業が採択する防衛策としては，ホワイト・ナイト（white night：友好的な第三者）に対する新株や新株引受権の第三者割当発行を実施したり，②買収者の買収意欲

を喪失させるために会社の魅力ある資産（これをクラウン・ジュエル
（crown jwel）という）を消滅させる防衛策がある。

4. ファイナンス理論の現実と活用

　ファイナンスは金融市場や企業の資金調達，運用に関する学問内容で
あり，経済学の中でもファイナンスは特に理論と実務との関連性が高い
分野である。
　ところで，新聞記事で「企業価値」という言葉を捜すと，年間の
M&A件数の増加と足並みを揃えて2000年代に入ってから急激に増加
している。企業価値という概念が浸透し始めるのもこの頃からである。
以下では企業価値，企業価値を算出する際に用いる資本コストを例とし
て，ファイナンス理論と現実の難しさを概観することにしよう。

(1) 資本コスト推計，企業価値推計の難しさ

　第1章で示したように，コーポレート・ファイナンスの目的は，「株
主利益の最大化」とされ，負債の価値を一定としたならば「企業価値の
最大化」でもある。その企業価値（MV：market value）の具体的な算
出方法については第13章で示された。それは債権者と株主の双方に分
配されるフリー・キャッシュ・フロー（FCF）を資本コストで現在価値
に割り引いた合計によって決まるとされていて，次式のように表された。

$$MV = \frac{FCF_1}{1+k} + \frac{FCF_2}{(1+k)^2} + \frac{FCF_3}{(1+k)^3} + \cdots = \sum_{t=1}^{\infty} \frac{FCF_t}{(1+k)^t}$$

　ここで，分母に見られるkは資本コスト（加重平均資本コスト）で
ある。また，第10章の投資決定ルールで学んだ方法の1つである現在
価値法においても加重平均資本コストは割引率として用いられるなど重

要な役割を果たしている。

　資本コストは第 11 章で学んだように資金調達の源泉ごとに異なる資本コストを加重平均したものであり，主に負債コストと株主資本コストに分類することができた。このうち，負債コストは有利子負債と支払金利の額が明らかであることから，(11−1) 式のように比較的正確に推計することができる。

　一方，株主資本コストの推計は難しい。株主資本コストは第 6 章及び第 11 章で示した CAPM（Capital Asset Pricing Model：資本資産評価モデル）で与えられていた。CAPM によれば個々の株主資本コストは，安全利子率にリスクプレミアム（市場リスクプレミアムとベータ値の積）を加えたものであるとしている。

$$R_i = R_f + \beta_i (R_M - R_f)$$

　市場リスクプレミアムは過去の株式市場のリターンから推計することができる。R_M の指標として，第 4 章で示した 1986 年から 2020 年の毎年年末における TOPIX（東証株価指数）の終値を用いて年間の変化率を求め，これを平均すると 3.06% になる。用いる株価指数や安全利子率，計算期間によっても水準は変化するが，実務家は市場リスクプレミアムについておおよそ 3 〜 4% を想定しているといわれている。これにベータ，安全利子率を勘案し全体の株主資本コストとしては 5〜6%，機関投資家によっては 7〜8% とする処もあるといわれている。

　ここで，株式だけで資金調達されている企業の株主資本コストを 5% とし，毎年のフリー・キャッシュ・フローが 5 億円得られると仮定しよう。第 2 章で示したように，毎期同額の収入と割引率が永久に与えられていた場合の現在価値は，

$$PV = \frac{FV}{r}$$

で求められる。FV は将来価値，r は割引率である。これを用いて企業
価値を求めると，企業価値は FV にフリー・キャッシュ・フローの額を，
r を資本コストの水準を代入して，

$$MV = \frac{5}{0.05} = 100$$

と 100 億円になる。ここで，フリー・キャッシュ・フローの予想は5億
円のままとし，株主資本コストの推計値が5％から8％と幅がある場合
を考えてみよう。

表 15−1：株主資本コストを変化させた場合の企業価値の変化

資本コスト／FCF	5 億円
5%	100 億円
6%	83.33 億円
7%	71.43 億円
8%	62.50 億円

　表15-1に株主資本コストが5％から8％に変化する場合の企業価値
を計算したものを示す。表より資本コストが8％である場合は，同様の
計算から62.50億円となり，5％の場合の企業価値のおよそ3分の2と
なる。このように，資本コストの推計に幅があった場合，計算される企
業価値にも幅が生じることになる。この例ではすべて株主資本で調達さ
れた企業を想定し，株主資本コストのみで企業価値を求めたが，本来は
加重平均資本コストを用いて算出することとされている。比較的推計し
易い負債の資本コストと合わせることで，企業全体の資本コストが考慮
されているだけではなく，資本コストの推計精度を向上させる効果もあ
ることが理解できるだろう[1]。

---

1) また，個別にベータを推計するのではなく，業種平均などを参考にする方法も
提案されている。第11章で示したレバード・ベータは業種平均を算出する際に必
要な計算方法となる。

　また，分母の資本コストと同様，分子のフリー・キャッシュ・フローを長期にわたり，しかも精度良く予測することは困難な作業である。先ほどの設定に加え，フリー・キャッシュ・フローが元の年間 5 億円から年 1％，2％，3％と成長する場合を考察してみよう。このような場合についても第 2 章で成長モデルという形で現在価値の算出方法が与えられていた。

$$PV = \frac{FV(1+g)}{r-g}$$

ここで，g は FV の成長率である。例えば，資本コスト 5％で，フリー・キャッシュ・フローが 5 億円から年 2％の成長を続けると仮定するならば，企業価値は，

$$MV = \frac{5 \times 1.02}{0.05 - 0.02} = 170$$

と 170 億円であることがわかる。表 15-2 は資本コスト，フリー・キャッシュ・フローが共に変化する場合の結果である。最も低い場合と高い場合では 4 倍ほどの価値の差が生じている。このように，条件が異なることで様々な水準の企業価値が計算されることがわかる。

　例では，フリー・キャッシュ・フローは一定条件の中で予測されたが，

表 15-2：資本コストとフリー・キャッシュ・フローを変化させた場合の企業価値の変化

資本コスト／ FCF	5 億円のまま	1％成長	2％成長	3％成長
5％	100 億円	126.25 億円	170.00 億円	257.50 億円
6％	83.33 億円	101.00 億円	127.50 億円	171.67 億円
7％	71.43 億円	84.17 億円	102.00 億円	128.75 億円
8％	62.50 億円	72.14 億円	85.00 億円	103.00 億円

244

無限の将来にわたってフリー・キャッシュ・フローを予測することは事実上不可能である。そこで実務では5〜10年先までのフリー・キャッシュ・フローを予測し，その先についてはターミナル・バリューと呼ばれる数値を推計することで代用とする方法が提案されている。具体的は下記の式のようになる。

$$MV = \sum_{t=1}^{n} \frac{FCF_t}{(1+k)^t} + \frac{1}{(1+k)^n} \times \frac{FCF_n(1+g)}{k-g}$$

　計算の考え方は第3章で扱った株式の評価における多段階成長モデルと同じものである。式ではn期まではフリー・キャッシュ・フローを予測し，その現在価値を資本コストで求め，n期以降についてはn期のフリー・キャッシュ・フローが毎年g％成長を続けるという，成長モデルの考え方でターミナル・バリューを推計している。

　これら推計の問題は市場付加価値（MVA）など他の企業価値算出方法においても同様である。実際には企業価値の推計は1つの方法に限定せず，複数の方法で算出したものを参考に定性的な要因も含めて決定することになる[2]。このように企業価値を精度良く求めることはもちろんであるが，企業価値の推計という行為は企業活動の変化により予想される資本コストやキャッシュ・フローの水準が変化した場合に，企業価値がどれくらい変化するのかを確認する指標として活用すべきだろう。

(2) 企業価値を最大化するには

　再び企業価値の算出式に戻ろう。前述したように，加重平均資本コストの推計には誤差が生じるものの，仮にこれが納得できる誤差の範囲で推計できたとしよう。

---

[2] 第13章で学んだフリー・キャッシュ・フローの現在価値合計や市場付加価値（MVA）など，キャッシュ・フローや残余利益を用いて企業価値を算出する方法をインカム・アプローチと呼んでいる。一方，対象とする企業が属する業界のPER（株価収益率）やPBR（株価純資産倍率）など，市場で観察される株価との関連指標を用いて算出する方法があり，これをマーケット・アプローチと呼んでいる。

効率的市場仮説と行動ファイナンス

　情報が即座に価格に織り込まれることを通じて，効率的な価格形成が行われる市場を効率的市場，この概念を効率的市場仮説（Efficient Market Hypothesis）と呼んでいる。この効率的市場では，特定の情報に基づいて投資を行ったとしても，期待される水準を超える収益を得ることはできない，と考えられている。

　効率的市場仮説や第6章で紹介したCAPMの検証を通じて，アノマリーと呼ばれる効率的市場仮説とは反する現象，CAPMでは説明できないリターンの部分が報告されるようになった。研究者たちは3ファクター・モデルのように，CAPMを拡張し，アノマリーを説明する合理的モデルを模索する方向と，アノマリーの存在を認め，CAPMや効率的市場仮説を構築する前提となる合理的な投資家の存在，という仮定を疑う方向に分かれて研究が進んできた。

　従来のファイナンス理論では，投資家は合理的経済人であり，これを背景として理論を構築してきたが，実際，我々は非合理的な意思決定を下してしまう場合も多い。この点に注目し，近年目覚しい発展を遂げている分野に行動ファイナンス（行動経済学）がある。

　投資家が合理的でない場合があることを前提とする行動ファイナンスは，伝統的なファイナンス理論を内包する存在，あるいは伝統的なファイナンスがその理論を精緻化させてゆく過程で，そぎ落としてきた部分を補完する存在，と考えるのが妥当であろう。

$$MV = \frac{FCF_1}{1+k} + \frac{FCF_2}{(1+k)^2} + \frac{FCF_3}{(1+k)^3} + \cdots = \sum_{t=1}^{\infty} \frac{FCF_t}{(1+k)^t}$$

式からもわかるように，企業価値を大きくするためには2つの方法，すなわち（1）分子のフリー・キャッシュ・フローを大きくする，あるいは（2）分母の加重平均資本コストを小さくする，が考えられる。第11章では，負債と純資産からなる資本構成と企業価値の問題について展開されたMM理論を学んだ。ここでは負債利用を高めることにより，加

重平均資本コストが下がり，結果として企業価値を高めることができるとしているが，負債の過度な利用は倒産やこれを避けるためのコストの上昇に伴うため，負債コストが上昇し，負債の過度な利用は必ずしも企業価値の最大化には繋がらないことが示されていた。つまり，ファイナンス理論（ここでは MM 理論）に基づき，資本コストを調整するやり方で企業価値を最大化しようとしても，それだけでは限界がある。ファイナンス理論（MM 理論）は企業価値を高めるための本質が，資本コストの調整にあるのではなく，いかにキャッシュ・フローを稼ぎ出す事業を見つけ，そこへ資金を投下すべきか，という点にあることを指摘していると見なせるだろう。

5. ファイナンス理論との付き合い方

　研究者や実務家など，ファイナンスに関わる仕事をする人たちの共通言語としてファイナンス理論は重要だが，ファイナンスに関わる事象を理解するために，広く一般の人たちにもファイナンス理論を学ぶ必要性は存在する。ファイナンスと聞いても，株式や債券などに投資していないから関係ないという人，企業経営に携わっていないからファイナンスには関心がないという人は多い。しかし，公的年金基金，企業年金は運用する基金の一部を株式に振り分け投資を行っている。銀行や生損保などの金融機関は私たちが預けた預金や払い込んだ保険料の一部を企業に貸しつけたり，株式や債券で運用している。直接的にしろ，間接的にしろ，わたしたち国民は投資に関わっている。また，わたしたちが働く会社では,資金を集め（調達),設備投資並びに原材料の購入や商品の仕入,従業員の雇用（つまり投資）を行い,商品の生産やサービスの提供をし,その対価を回収することで最終的には利潤を得ている。企業における

日々のファイナンス活動，企業の経営活動を通じて生じる様々なニュースを反映して株価が変化する。わたしたちのすぐそばで，ファイナンスに関わる事象は日々起こっている。

　残念ながら，ファイナンス理論は現実に観察されるファイナンスに関連するすべての事象を説明することはできないが，何の手がかりもなくその事象を扱うのではなく，理論により説明できる部分とその限界を意識しながら，現実に接近する道具として活用することは重要である。

学習課題

(1)　金融危機→規制→規制緩和→金融危機・・・のサイクルから脱け出すために先進諸国の取り組みが欠かせないが，どのような動きがあるか調べなさい。

(2)　A社の来年から5年間のフリー・キャッシュ・フローが順に，2,000万円, 2,500万円, 3,500万円, 3,500万円, 4,000万円と予測されており，6年目以降のフリー・キャッシュ・フローは5年目のフリー・キャッシュ・フローから年1%の成長を続けると予測されるとき，A社の企業価値を求めよ。ただし，加重平均資本コストは5%とする。

(3)　(2)で求めたA社の企業価値について，加重平均資本コストが6%である場合には企業価値は何%変化するだろうか。また，6年目以降のフリー・キャッシュ・フローは5年目のフリー・キャッシュ・フローの水準のままで推移すると予想される場合には，企業価値は何%変化するだろうか。

参考文献

経済産業省・法務省『企業価値・株主共同の利益の確保又は向上のための買収防衛策に関する指針』経済産業省・法務省，2005 年

企業価値研究会『近時の諸環境の変化を踏まえた買収防衛策の在り方』経済産業省，2008 年

経済産業省『公正な M&A の在り方に関する指針 – 企業価値の向上と株主利益の確保に向けて –』2018 年

古川浩一／蜂谷豊彦／中里宗敬／今井潤一著『コーポレート・ファイナンスの考え方』中央経済社，2013 年

年金終価係数表

利率/年 (%)	1 年	2 年	3 年	4 年	5 年	6 年	7 年	8 年	9 年	10 年
1	1.0000	2.0100	3.0301	4.0604	5.1010	6.1520	7.2135	8.2857	9.3685	10.4622
2	1.0000	2.0200	3.0604	4.1216	5.2040	6.3081	7.4343	8.5830	9.7546	10.9497
3	1.0000	2.0300	3.0909	4.1836	5.3091	6.4684	7.6625	8.8923	10.1591	11.4639
4	1.0000	2.0400	3.1216	4.2465	5.4163	6.6330	7.8983	9.2142	10.5828	12.0061
5	1.0000	2.0500	3.1525	4.3101	5.5256	6.8019	8.1420	9.5491	11.0266	12.5779
6	1.0000	2.0600	3.1836	4.3746	5.6371	6.9753	8.3938	9.8975	11.4913	13.1808
7	1.0000	2.0700	3.2149	4.4399	5.7507	7.1533	8.6540	10.2598	11.9780	13.8164
8	1.0000	2.0800	3.2464	4.5061	5.8666	7.3359	8.9228	10.6366	12.4876	14.4866
9	1.0000	2.0900	3.2781	4.5731	5.9847	7.5233	9.2004	11.0285	13.0210	15.1929
10	1.0000	2.1000	3.3100	4.6410	6.1051	7.7156	9.4872	11.4359	13.5795	15.9374
11	1.0000	2.1100	3.3421	4.7097	6.2278	7.9129	9.7833	11.8594	14.1640	16.7220
12	1.0000	2.1200	3.3744	4.7793	6.3528	8.1152	10.0890	12.2997	14.7757	17.5487
13	1.0000	2.1300	3.4069	4.8498	6.4803	8.3227	10.4047	12.7573	15.4157	18.4197
14	1.0000	2.1400	3.4396	4.9211	6.6101	8.5355	10.7305	13.2328	16.0853	19.3373
15	1.0000	2.1500	3.4725	4.9934	6.7424	8.7537	11.0668	13.7268	16.7858	20.3037

利率/年 (%)	11 年	12 年	13 年	14 年	15 年	20 年	25 年	30 年	40 年	50 年
1	11.5668	12.6825	13.8093	14.9474	16.0969	22.0190	28.2432	34.7849	48.8864	64.4632
2	12.1687	13.4121	14.6803	15.9739	17.2934	24.2974	32.0303	40.5681	60.4020	84.5794
3	12.8078	14.1920	15.6178	17.0863	18.5989	26.8704	36.4593	47.5754	75.4013	112.7969
4	13.4864	15.0258	16.6268	18.2919	20.0236	29.7781	41.6459	56.0849	95.0255	152.6671
5	14.2068	15.9171	17.7130	19.5986	21.5786	33.0660	47.7271	66.4388	120.7998	209.3480
6	14.9716	16.8699	18.8821	21.0151	23.2760	36.7856	54.8645	79.0582	154.7620	290.3359
7	15.7836	17.8885	20.1406	22.5505	25.1290	40.9955	63.2490	94.4608	199.6351	406.5289
8	16.6455	18.9771	21.4953	24.2149	27.1521	45.7620	73.1059	113.2832	259.0565	573.7702
9	17.5603	20.1407	22.9534	26.0192	29.3609	51.1601	84.7009	136.3075	337.8824	815.0836
10	18.5312	21.3843	24.5227	27.9750	31.7725	57.2750	98.3471	164.4940	442.5926	1163.9085
11	19.5614	22.7132	26.2116	30.0949	34.4054	64.2028	114.4133	199.0209	581.8261	1668.7712
12	20.6546	24.1331	28.0291	32.3926	37.2797	72.0524	133.3339	241.3327	767.0914	2400.0182
13	21.8143	25.6502	29.9847	34.8827	40.4175	80.9468	155.6196	293.1992	1013.7042	3459.5071
14	23.0445	27.2707	32.0887	37.5811	43.8424	91.0249	181.8708	356.7868	1342.0251	4994.5213
15	24.3493	29.0017	34.3519	40.5047	47.5804	102.4436	212.7930	434.7451	1779.0903	7217.7163

複利現価係数表

利率/年（%）	1年	2年	3年	4年	5年	6年	7年	8年	9年	10年
1	0.9901	0.9803	0.9706	0.9610	0.9515	0.9420	0.9327	0.9235	0.9143	0.9053
2	0.9804	0.9612	0.9423	0.9238	0.9057	0.8880	0.8706	0.8535	0.8368	0.8203
3	0.9709	0.9426	0.9151	0.8885	0.8626	0.8375	0.8131	0.7894	0.7664	0.7441
4	0.9615	0.9246	0.8890	0.8548	0.8219	0.7903	0.7599	0.7307	0.7026	0.6756
5	0.9524	0.9070	0.8638	0.8227	0.7835	0.7462	0.7107	0.6768	0.6446	0.6139
6	0.9434	0.8900	0.8396	0.7921	0.7473	0.7050	0.6651	0.6274	0.5919	0.5584
7	0.9346	0.8734	0.8163	0.7629	0.7130	0.6663	0.6227	0.5820	0.5439	0.5083
8	0.9259	0.8573	0.7938	0.7350	0.6806	0.6302	0.5835	0.5403	0.5002	0.4632
9	0.9174	0.8417	0.7722	0.7084	0.6499	0.5963	0.5470	0.5019	0.4604	0.4224
10	0.9091	0.8264	0.7513	0.6830	0.6209	0.5645	0.5132	0.4665	0.4241	0.3855
11	0.9009	0.8116	0.7312	0.6587	0.5935	0.5346	0.4817	0.4339	0.3909	0.3522
12	0.8929	0.7972	0.7118	0.6355	0.5674	0.5066	0.4523	0.4039	0.3606	0.3220
13	0.8850	0.7831	0.6931	0.6133	0.5428	0.4803	0.4251	0.3762	0.3329	0.2946
14	0.8772	0.7695	0.6750	0.5921	0.5194	0.4556	0.3996	0.3506	0.3075	0.2697
15	0.8696	0.7561	0.6575	0.5718	0.4972	0.4323	0.3759	0.3269	0.2843	0.2472

利率/年（%）	11年	12年	13年	14年	15年	20年	25年	30年	40年	50年
1	0.8963	0.8874	0.8787	0.8700	0.8613	0.8195	0.7798	0.7419	0.6717	0.6080
2	0.8043	0.7885	0.7730	0.7579	0.7430	0.6730	0.6095	0.5521	0.4529	0.3715
3	0.7224	0.7014	0.6810	0.6611	0.6419	0.5537	0.4776	0.4120	0.3066	0.2281
4	0.6496	0.6246	0.6006	0.5775	0.5553	0.4564	0.3751	0.3083	0.2083	0.1407
5	0.5847	0.5568	0.5303	0.5051	0.4810	0.3769	0.2953	0.2314	0.1420	0.0872
6	0.5268	0.4970	0.4688	0.4423	0.4173	0.3118	0.2330	0.1741	0.0972	0.0543
7	0.4751	0.4440	0.4150	0.3878	0.3624	0.2584	0.1842	0.1314	0.0668	0.0339
8	0.4289	0.3971	0.3677	0.3405	0.3152	0.2145	0.1460	0.0994	0.0460	0.0213
9	0.3875	0.3555	0.3262	0.2992	0.2745	0.1784	0.1160	0.0754	0.0318	0.0134
10	0.3505	0.3186	0.2897	0.2633	0.2394	0.1486	0.0923	0.0573	0.0221	0.0085
11	0.3173	0.2858	0.2575	0.2320	0.2090	0.1240	0.0736	0.0437	0.0154	0.0054
12	0.2875	0.2567	0.2292	0.2046	0.1827	0.1037	0.0588	0.0334	0.0107	0.0035
13	0.2607	0.2307	0.2042	0.1807	0.1599	0.0868	0.0471	0.0256	0.0075	0.0022
14	0.2366	0.2076	0.1821	0.1597	0.1401	0.0728	0.0378	0.0196	0.0053	0.0014
15	0.2149	0.1869	0.1625	0.1413	0.1229	0.0611	0.0304	0.0151	0.0037	0.0009

年金現価係数表

利率 / 年 (%)	1 年	2 年	3 年	4 年	5 年	6 年	7 年	8 年	9 年	10 年
1	0.9901	1.9704	2.9410	3.9020	4.8534	5.7955	6.7282	7.6517	8.5660	9.4713
2	0.9804	1.9416	2.8839	3.8077	4.7135	5.6014	6.4720	7.3255	8.1622	8.9826
3	0.9709	1.9135	2.8286	3.7171	4.5797	5.4172	6.2303	7.0197	7.7861	8.5302
4	0.9615	1.8861	2.7751	3.6299	4.4518	5.2421	6.0021	6.7327	7.4353	8.1109
5	0.9524	1.8594	2.7232	3.5460	4.3295	5.0757	5.7864	6.4632	7.1078	7.7217
6	0.9434	1.8334	2.6730	3.4651	4.2124	4.9173	5.5824	6.2098	6.8017	7.3601
7	0.9346	1.8080	2.6243	3.3872	4.1002	4.7665	5.3893	5.9713	6.5152	7.0236
8	0.9259	1.7833	2.5771	3.3121	3.9927	4.6229	5.2064	5.7466	6.2469	6.7101
9	0.9174	1.7591	2.5313	3.2397	3.8897	4.4859	5.0330	5.5348	5.9952	6.4177
10	0.9091	1.7355	2.4869	3.1699	3.7908	4.3553	4.8684	5.3349	5.7590	6.1446
11	0.9009	1.7125	2.4437	3.1024	3.6959	4.2305	4.7122	5.1461	5.5370	5.8892
12	0.8929	1.6901	2.4018	3.0373	3.6048	4.1114	4.5638	4.9676	5.3282	5.6502
13	0.8850	1.6681	2.3612	2.9745	3.5172	3.9975	4.4226	4.7988	5.1317	5.4262
14	0.8772	1.6467	2.3216	2.9137	3.4331	3.8887	4.2883	4.6389	4.9464	5.2161
15	0.8696	1.6257	2.2832	2.8550	3.3522	3.7845	4.1604	4.4873	4.7716	5.0188

利率 / 年 (%)	11 年	12 年	13 年	14 年	15 年	20 年	25 年	30 年	40 年	50 年
1	10.3676	11.2551	12.1337	13.0037	13.8651	18.0456	22.0232	25.8077	32.8347	39.1961
2	9.7868	10.5753	11.3484	12.1062	12.8493	16.3514	19.5235	22.3965	27.3555	31.4236
3	9.2526	9.9540	10.6350	11.2961	11.9379	14.8775	17.4131	19.6004	23.1148	25.7298
4	8.7605	9.3851	9.9856	10.5631	11.1184	13.5903	15.6221	17.2920	19.7928	21.4822
5	8.3064	8.8633	9.3936	9.8986	10.3797	12.4622	14.0939	15.3725	17.1591	18.2559
6	7.8869	8.3838	8.8527	9.2950	9.7122	11.4699	12.7834	13.7648	15.0463	15.7619
7	7.4987	7.9427	8.3577	8.7455	9.1079	10.5940	11.6536	12.4090	13.3317	13.8007
8	7.1390	7.5361	7.9038	8.2442	8.5595	9.8181	10.6748	11.2578	11.9246	12.2335
9	6.8052	7.1607	7.4869	7.7862	8.0607	9.1285	9.8226	10.2737	10.7574	10.9617
10	6.4951	6.8137	7.1034	7.3667	7.6061	8.5136	9.0770	9.4269	9.7791	9.9148
11	6.2065	6.4924	6.7499	6.9819	7.1909	7.9633	8.4217	8.6938	8.9511	9.0417
12	5.9377	6.1944	6.4235	6.6282	6.8109	7.4694	7.8431	8.0552	8.2438	8.3045
13	5.6869	5.9176	6.1218	6.3025	6.4624	7.0248	7.3300	7.4957	7.6344	7.6752
14	5.4527	5.6603	5.8424	6.0021	6.1422	6.6231	6.8729	7.0027	7.1050	7.1327
15	5.2337	5.4206	5.5831	5.7245	5.8474	6.2593	6.4641	6.5660	6.6418	6.6605

索引

●配列は五十音順，欧文はアルファベット順。

著者紹介

齋藤　正章 (さいとう・まさあき)
——・執筆章→ 1・9・10・11・12・
13・14・15

1967 年　　新潟県に生まれる
1990 年　　早稲田大学社会科学部卒業
1992 年　　早稲田大学大学院商学研究科修士課程修了
1995 年　　早稲田大学大学院商学研究科博士課程単位取得退学
　　　　　　早稲田大学商学部助手，放送大学講師，助教授を経て
現在　　　　放送大学准教授
専攻　　　　会計学，管理会計論
主な著書　　会計情報の現代的役割（共著　白桃書房）
　　　　　　株主価値を高める EVA 経営［第 2 版］（共著　中央経
　　　　　　済社）
　　　　　　現代の内部監査（共著　放送大学教育振興会）
　　　　　　NPO マネジメント（共著　放送大学教育振興会）
　　　　　　管理会計（単著　放送大学教育振興会）　他

阿部　圭司 (あべ・けいじ)

—— ・執筆章→ 1・2・3・4・5・
6・7・8・15

1970 年	新潟県に生まれる
1997 年	早稲田大学商学研究科博士課程単位取得退学
現在	高崎経済大学教授
専攻	証券論，企業財務論
主な著書	ファイナンシャル・リテラシー（共著　同友館）
	Excel で学ぶ統計解析（ソシム）
	Excel で学ぶ回帰分析（ナツメ社）

放送大学教材　1539558-1-2311（テレビ）

三訂版　ファイナンス入門

発　行　　　2023 年 3 月 20 日　第 1 刷

著　者　　　齋藤正章・阿部圭司

発行所　　　一般財団法人　放送大学教育振興会
　　　　　　〒 105-0001　東京都港区虎ノ門 1-14-1　郵政福祉琴平ビル
　　　　　　電話 03（3502）2750

市販用は放送大学教材と同じ内容です。定価はカバーに表示してあります。
落丁本・乱丁本はお取り替えいたします。

Printed in Japan　ISBN978-4-595-32411-6　C1334